SUPERDICAS PARA EMPREENDER SEU PRÓPRIO NEGÓCIO

Ruy Leal

SUPERDICAS para EMPREENDER SEU PRÓPRIO NEGÓCIO

1ª edição
5ª tiragem
2014
Conforme a nova ortografia

Editora Saraiva

ISBN 978-85-02-07187-2

Gerente editorial: Rogério Carlos Gastaldo de Oliveira
Assistente editorial: Kandy Sgarbi Saraiva
Preparação de texto: Miró Editorial e Kandy Sgarbi Saraiva
Auxiliares de serviços editoriais: Andréia Pereira e Rute de Brito
Revisão: Pedro Cunha Jr. e Lilian Semenichin (coords.)/Amanda Lenharo
Gerente de arte: Nair de Medeiros Barbosa
Projeto gráfico: Antonio Roberto Bressan
Diagramação: Christof Gunkel
Capa: César Landucci
Ilustrações: Weberson Santiago
Produtor gráfico: Rogério Strelciuc
Coordenador da Série Superdicas: Reinaldo Polito
Impressão e acabamento: Assahi Gráfica

Dados Internacionais de Catalogação na Publicação (CIP)
(Câmara Brasileira do Livro, SP, Brasil)

Leal, Ruy
Superdicas para empreender seu próprio negócio / Ruy Leal. — São Paulo : Saraiva, 2008.

Bibliografia.
ISBN 978-85-02-07187-2

1. Empreendimentos 2. Mudança organizacional 3. Negócios próprios 4.Sucesso em negócios I. Título.

08-02813 CDD-650.1

Índices para catálogo sistemático:

1. Negócios próprios : Prosperidade : Administração 650.1
2. Prosperidade : Negócios próprios : Administração 650.1

Editora Saraiva

Rua Henrique Schaumann, 270 – CEP 05413-010 – Pinheiros – São Paulo-SP

SAC | 0800-0117875
De 2ª a 6ª, das 8h30 às 19h30
www.editorasaraiva.com.br/contato

503605.001.005

Dedicatória

À Eliana, companheira que há 30 anos
ensina a um virginiano incorrigível, e a meus filhos,
iniciantes em seus empreendimentos de vida.

Agradecimentos

Ao Reinaldo Polito,
amigo e incentivador incansável.

SUMÁRIO

Introdução

Há alguns anos não me via empreendedor. Muitos empreendedores de sucesso iniciaram seus negócios assim, sem que planejassem, por uma oportunidade construída ou inesperada, ou ainda por pura necessidade, quando a melhor alternativa que se apresentou foi iniciar um empreendimento.

Minha história empreendedora também foi semelhante. O Instituto Via de Acesso, empreendimento social conduzido e orientado para resultados, é uma conjunção de projeto em fogo morto e aparecimento de uma grande necessidade, daquelas que a vida surpreendentemente nos reserva.

O Instituto tem proporcionado experiências com enorme poder de aprendizado empreendedor. Por meio de seus programas e atividades, a relação com gestores de pequenas, médias e grandes empresas é tão frequente quanto as soluções encontradas para os negócios envolvidos.

Os treinamentos para gestores que realizo há alguns anos têm proporcionado mais verificação empreendedora junto aos mais diversos tipos de negócios.

Reinaldo Polito, coordenador da Série Superdicas, empreendedor de grande sucesso, entendeu que todo esse conhecimento somado aos meus mais de 30 anos de experiência e de participação em outros empreendimentos deveria ser bastante proveitoso para os interessados em abrir negócio próprio.

Este livro tem esse propósito: ser um guia útil para o leitor interessado em ter seu negócio, independentemente de ser um projeto por oportunidade ou por necessidade.

Espero que você, leitor, aprove o que irá ler nas páginas seguintes, mas, especialmente, que as dicas aqui contidas sejam de grande valia e estimulantes para o seu vitorioso empreendimento.

Sucesso em sua nova empreitada de vida!

O Autor

1

Mercado de trabalho: não há emprego para todos

Uma coisa é certa e inexorável no século XXI: não há e não haverá empregos para todos nos moldes que conhecemos hoje. Não há força capaz de impedir o movimento das mudanças no globo terrestre. A nossa capacidade de perceber o que é passado, presente e futuro está difusa, pois as transformações pelas quais a humanidade passa são tão velozes que mal começamos uma etapa e já estamos em outra.

O mercado de trabalho, parte integrante dessas infindáveis transformações, acompanha na mesma velocidade as mudanças de um mundo globalizado e muito rápido. Diante da certeza das mudanças diárias, o conceito tradicional de emprego vai sendo modificado a cada dia, e suas possibilidades clássicas como "abrigo profissional" são reduzidas.

As nações mais avançadas tratam essa primária questão de vida com assertividade e muito pragmatismo: promovem e incentivam alternativas modernas nas relações "capital e trabalho", deixando sempre no foco de suas iniciativas a valorização do empreendedorismo como uma importante e grande saída para o crescimento de uma sociedade produtiva e responsável.

Mesmo nas relações de emprego, a capacidade empreendedora está sendo cada vez mais exigida, o que, de certa maneira, facilita e abre portas para que as pessoas percebam que são capazes de buscar alternativas mais robustas para aproveitar o seu conhecimento, sua habilidade de produzir e de ser útil a si, a suas respectivas famílias e, naturalmente, à sociedade.

Como empreendedor, você terá um novo ângulo para enxergar sua função na vida e estimular sua capacidade de realizar em um terreno muito diferente daquele trilhado pelo empregado.

2 Empreendedorismo: necessidade ou oportunidade?

Por que os indivíduos tornam-se empreendedores? Segundo o relatório do Global Entrepreneurship Monitor — GEM, que analisou como se dá o empreendedorismo em 37 países, cerca de dois terços dos adultos envolvidos em empreendedorismo procuram, por vontade própria, concretizar uma oportunidade de negócio atraente. Somente um terço dessas pessoas voltou-se para o empreendedorismo por necessidade, ou seja, por não encontrar qualquer outro trabalho que lhe parecesse conveniente.

Constatou-se ainda que os empreendedores motivados por oportunidade predominam em países desenvolvidos, enquanto os motivados por necessidade representam metade dos empreendedores dos países em desenvolvimento.

Quando alguém, por oportunidade ou necessidade, resolve abrir um negócio próprio, certamente tem consciência de que esse novo mundo apresenta características muito diferentes daquele em que atuaria como contratado. O empreendedor também deve estar esclarecido de que, para ter sucesso, precisa possuir determinadas características, fundamentais para o êxito de sua nova empreitada, sem as quais poderá colocar por terra os seus sonhos.

Características como autocontrole, criatividade, liderança, tolerância a incertezas, ambição com conduta ética, comprometimento, persistência, consciência de riscos e disposição para encará-los, determinação, responsabilidade consigo e com os outros, autoconfiança sem autossuficiência e sabedoria para trabalhar com o poder são necessárias para o êxito do empreendimento.

Com essas características e um planejamento adequado, que estude fortemente o terreno e estabeleça metas realistas para o negócio, as chances de sucesso crescem bastante.

3

É importante ter experiência anterior?

Não existe um modelo-padrão para considerar se um empreendedor irá, com certeza, dar certo ou não. Quando procuramos identificar grandes empreendedores, naturalmente nos lembramos de nomes ligados a grandes organizações, gente famosa, com exposição na mídia e bem-sucedida financeiramente.

Porém, o mundo dos empreendedores é composto também por inúmeros e muito bem-sucedidos donos de negócios que, embora não tão conhecidos, são responsáveis por histórias de crescimento e de resultados espetaculares.

Alguns começaram do nada e criaram grandes impérios. Outros perceberam oportunidades em uma ocasião em que menos esperavam por isso. Entenderam o momento, enxergaram a oportunidade batendo à porta e partiram para a nova caminhada com decisão. Outros ainda se tornaram empreendedores porque se viram sem alternativas, por terem sido demitidos ou por não terem acesso ao mercado de trabalho. Há também os herdeiros, que receberam o negócio de seus familiares, e o serial, aquele que não se contenta em criar um único negócio, apaixonado que é pelo ato de empreender, de começar de novo e fazer dar certo.

Todos esses empreendedores têm duas características predominantes:

a) a experiência anterior no ramo ou em atividade correlata;

b) a orientação e o auxílio de terceiros que conhecem muito bem o mercado-alvo de seu empreendimento.

Em inúmeros casos, além do preparo técnico e profissional, a experiência e a orientação na área auxiliam o empreendedor a conhecer melhor seu mercado, suas falhas e necessidades, levando-o, assim, a enxergar e aproveitar da melhor maneira as oportunidades existentes.

4

Quem é você?

Há um provérbio popular, provavelmente criado em algum bar da vida, que afirma: "Você só vê as cachaças que tomo, mas não os tombos que levo". Essa citação se aplica quando a questão é o empreendedorismo. O imaginário *glamour* de ter um negócio não pode ser maior do que a atenção às armadilhas ensejadas por esse sentimento.

Não há caminhos fáceis e rápidos para quem quer ter negócio próprio com sustentabilidade e sucesso. É necessário preparo, vontade e consciência do trabalho exigido até que o negócio esteja estabilizado. Depois, os cuidados ainda devem ser redobrados para que a empresa não caia no deslumbramento e na embriaguez que o crescimento pode causar.

Para ter seu negócio, é fundamental conhecer e possuir determinadas condições e habilidades, necessárias para obter uma razoável chance de êxito.

Não tente se enganar acreditando possuir condições e habilidades maiores do que realmente são, pois se trata de iniciar algo financeiramente muito sério que, em caso de insucesso, representará prejuízo pessoal, quando não familiar. O sonho puro não deixa o empreendedor ver as dificuldades em seu caminho. E tenha a convicção de que elas não serão poucas.

Para conhecer suas próprias condições e habilidades, elabore perguntas sobre você, internamente, para obter respostas íntimas e verdadeiras. Se estiver pressionado pelo desemprego ou por qualquer outro fator que exija resposta imediata, redobre os cuidados para não se "cegar".

Nesse questionário devem constar perguntas sobre determinação, dinamismo, tomada de decisão, consistência técnica para concretizar seus sonhos, dedicação, paixão pelo que faz, capacidade de formar equipes, conhecimento, sua rede de relacionamentos, organização pessoal, criatividade, entre outras necessárias para o negócio que você estuda implementar.

O primeiro passo para ser um bom empreendedor é saber quem você é.

5

Alternativas de negócios

Não raras vezes, conhecemos pessoas que se encontram naquele momento de analisar as alternativas de negócios para um futuro empreendimento. Muitas análises são sérias, algumas bem profundas. Porém, se essas pessoas se concentram somente nas possibilidades que aquele produto ou serviço apresentam, sem considerar as condições de quem irá tocar o negócio, podem cometer um equívoco.

Quando o caso for mais de um negócio-alvo, um bom método é estabelecer notas de um a dez para os seguintes pontos de análise:

- O mercado oferece oportunidade de crescimento?
- Quanto você conhece do negócio?
- O que você conhece é de prática anterior, de estudo ou de ambos?

- Em qual negócio você se situa melhor, possui maior interesse ou de qual conhece os grandes segredos?
- Em qual negócio você possui uma ideia ou proposta de atuação mais inovadora, que lhe dará alguma vantagem competitiva?
- Em qual negócio você possui uma rede de relacionamentos (fornecedores, parceiros, clientes e *prospects*) que permitirá resultados mais imediatos?
- Em qual negócio o retorno sobre os investimentos deverá ocorrer em menos tempo? Você está financeiramente preparado para esperar?
- Em qual negócio será mais necessário você ter outros profissionais especializados para ajudá-lo? Você sabe e tem como achá-los e contratá-los?
- A competição no segmento é muito forte ou está estabilizada? Você será alvo da concorrência?
- Em qual negócio você terá maior capacidade para suportar o fluxo de caixa inicial?

Perguntas como essas permitirão que você se situe melhor e mantenha os pés no chão, aproximando-o do real cenário antes de ter de enfrentar o dia a dia do seu futuro negócio.

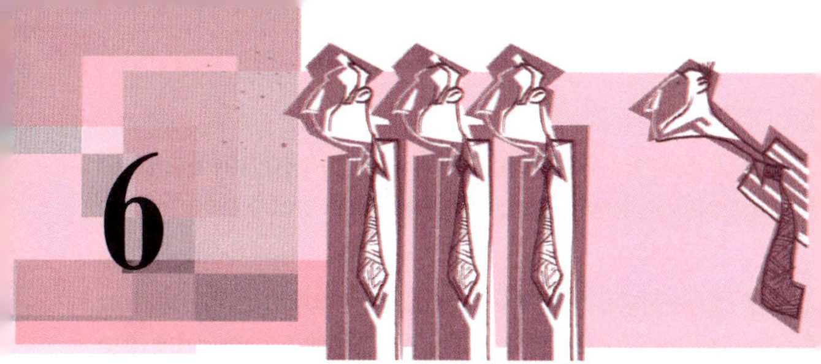

Esqueça o negócio em ascensão se ele não for "o seu número"

No momento de definir o futuro profissional, muitos jovens são orientados pela família ou pelos amigos a optar por profissões tradicionais ou por aquelas que estão na moda. Na maioria das vezes, essa orientação se mostra errada e o jovem acaba desistindo no final de seu curso.

Não adiantaram os apelos, as insistências dos pais e dos professores. Não houve aderência entre o perfil do jovem e o perfil do curso. Como o jovem é jovem, ainda tem tempo para uma nova caminhada educacional visando sua futura profissão.

Para o empreendedor, a situação é a mesma. Não se recomenda olhar o futuro negócio somente pelo prisma financeiro, enxergando apenas que os empresários daquele tipo de negócio estão ganhando muita grana.

Para ser bem realizada, qualquer atividade requer de um empreendedor dois componentes: primeiro, que ele a conheça bem; e segundo, que despenda muita energia, tão robusta quanto a paixão que tem por essa atividade.

Se você não tem conhecimento ou paixão pelo empreendimento e ainda assim quer arriscar, tenha consigo duas condições: dinheiro para financiar e gente ao seu lado que entenda e goste dessa atividade.

Talvez a comparação seja politicamente incorreta, mas considere que você está com uma bala no tambor. Não há como errar. Para acertar, é melhor executar algo de seu conhecimento e de que goste, mesmo que não seja um empreendimento ou segmento da moda, que chame a atenção de todos.

No geral, quando se realiza algo de que se gosta, os resultados são naturalmente melhores, pois há maior dedicação e determinação. Além disso, não esqueça que qualquer empreendimento, na moda ou não, exigirá do empreendedor muita dedicação. E realizar algo de que não se gosta diminui a dedicação e a determinação necessárias para fazer dar certo.

7

Fornecer ao antigo empregador é possível?

O ideal seria que todo empreendedor assumisse seu negócio por ter enxergado nele uma oportunidade. Entretanto, sabemos que o mundo empresarial não tem só essa característica e que muitos negócios são criados por outros estímulos.

De maneira geral, as pessoas enxergaram, por oportunidade ou necessidade, a alternativa do negócio próprio como o melhor — ou único — caminho para uma vida produtiva e profissional.

Quando alguém decide ser um empreendedor, muitas vezes se esquece de analisar a possibilidade de ter o seu antigo empregador como o primeiro e principal cliente. Essa análise é estratégica e ajuda bastante. Vejamos o seguinte:

- Você era um excelente profissional na última empresa em que trabalhava quando percebeu uma oportunidade de negócio e resolveu sair para montar sua empresa. Se o que você for realizar tiver a ver com o que seu ex-empregador tem interesse em comprar, as suas chances de êxito aumentam muito.
- Você era um bom profissional, mas, pelas contingências da vida, foi dispensado pela última empresa em que trabalhava. Por necessidade, viu-se obrigado a partir para um negócio próprio, dentro de uma área relacionada à sua experiência anterior. Se você puder ter a sua última empresa como seu primeiro cliente, as suas chances aumentam muito.

Essa possibilidade precisa ser considerada mesmo no caso de a ruptura ter sido litigiosa. Se realmente não for possível assumir a condição de fornecedor para o antigo empregador, considere, então, a possibilidade de conquistar o concorrente, mas certifique-se de que isso não venha a ser avaliado pelo mercado como algo antiético.

8

Plano de negócio é fundamental

Alguns empreendedores de sucesso veem a oportunidade, partem imediatamente para a ação e só depois realizam o planejamento. Nesses casos, utilizam mais a intuição, que pode ser proveniente de grande experiência anterior no ramo escolhido ou que tem origem, simplesmente, no fato de terem enxergado algo novo.

Todavia, também nesses casos, o plano de negócios, ainda que não de todo estruturado, sempre existiu, mesmo que seja somente o financeiro.

O plano de negócios permite que se percebam e avaliem com mais clareza os riscos e as possibilidades reais do negócio-alvo. Minimiza erros e aumenta as condições de acertos. Permite explorar melhor o mercado, verificar a viabilidade do projeto e identificar as melhores práticas para a venda.

Com um plano de negócios consistente na mão, fica mais viável conseguir um sócio ou investidor, o que faz as chances de sucesso crescerem exponencialmente. Da ideia na cabeça ao papel há um caminho enorme a ser trilhado, nebuloso, cheio de armadilhas imperceptíveis no *insight*. E do papel para a prática, mais ainda.

A intuição será sempre importante se for aliada a uma análise detalhada da ideia ou do projeto, confirmada como correta pelo consequente planejamento.

Com essa análise mais detalhada das possibilidades do negócio e do que será necessário fazer, a confiança e a coragem do empreendedor aumentam na mesma proporção que o conhecimento do terreno em que irá pisar. É quase matemático.

Por fim, também ficará mais claro perceber onde e como se posicionar em relação aos concorrentes e às dificuldades do setor em que se pretende atuar.

Assim, considere sempre a relevância de ter o seu plano de negócio.

9

Reservas, financiamento e financiador ou sócio?

Não há tempo a perder. É preciso ser rápido, analisar o negócio-alvo, seu mercado, elaborar um plano e sair para a luta!

Pela análise que fez do negócio, você já sabe de quanto irá necessitar, em quanto tempo irá obter o *breakeven* (ponto de equilíbrio), a previsão de receita e o ROI (*return on investment*).

De onde virá a grana para começar o seu negócio? Trata-se de uma decisão estratégica, que necessita ser tomada com pragmatismo e atenção.

Se a análise e o plano de negócios forem consistentes e interessantes, há três possibilidades.

O uso de reservas próprias é a primeira. Quando valer-se dele? Quando você tiver respostas positivas para três perguntas básicas:

- Há reservas suficientes para manter você e seu negócio até o *breakeven* pessimista somado a mais três meses?

- O negócio é atraente a ponto de despertar interesse "gratuito" em investidores ou sócios em potencial?
- Você já tem clientes "garantidos" que irão suportar as vendas iniciais previstas no planejamento?

Caso pense em partir para um financiador, avalie estas questões:

- você entrará num setor muito competitivo, que exige um aporte financeiro maior para o negócio iniciar com chances reais de produzir volume e/ou de atendimento geográfico;
- o financiador pode alavancar o negócio com a marca, clientes, tecnologia ou infraestrutura própria;
- como arcar, com sobras, com o financiamento?

Finalmente, o sócio. Vale a pena, quando:

- você confia nele e precisa de fato dele;
- ele agrega valor ao negócio; e
- ele complementa você em aspectos importantes para o sucesso do negócio.

Avaliando todas essas hipóteses, você chegará à melhor condição financeira para o seu negócio próprio.

10

Análises fundamentais

Quando você decide estabelecer um negócio próprio, ou por ter enxergado uma boa oportunidade ou por não ter outra alternativa, algumas análises devem ser consideradas para o seu futuro empreendimento.

- **A família**

Você envolveu sua família no projeto? Ela está disposta a entrar nesse barco, independentemente das turbulências do rio?

É fundamental o comprometimento da família, por razões óbvias: desde o início há muitos riscos implícitos e mudanças profundas nas relações familiares. Alguém terá de suportar as coisas da casa e as obrigações familiares no dia a dia. Deverá haver mudanças também nos gastos e investimentos familiares, especialmente no início da operação.

A concentração pessoal no negócio deverá ser profunda, não sobrando tempo para outras obrigações.

- **Os amigos**

É necessário ter amigos e contar com eles. O empreendedor deve saber que, sozinho, as chances diminuem. Ao menos não aumentam.

Os amigos abrem portas, orientam, dão suporte e divulgam. Ao identificar a oportunidade e desenvolver o seu planejamento, você considerou esse fator de sucesso?

Se você for querido, melhor ainda. Pode parecer piegas para o mundo dos negócios, mas não é: no início de seu empreendimento, quanto mais respeitado e querido você for, mais ajuda gratuita irá receber. Convenhamos: é um capital importante para qualquer começo.

- **Rede de relacionamentos**

Quanto você é conhecido, respeitado e tem credibilidade na área? Você trabalhou muito tempo nesse mercado, conhece-o bem e adquiriu experiência, identificou uma boa oportunidade e agora está no momento de criar o seu próprio caminho empreendedor. Nessa hora, torna-se fundamental possuir o reconhecimento, o respeito e a credibilidade de outros que atuam no setor. Sem isso, as suas chances serão menores.

A participação da família e dos amigos e a sua rede de relacionamentos são essenciais para que o seu negócio dê certo.

11

Habilidades fundamentais

Para empreender é necessário antes saber como se comportar, como lidar com os outros e como o mercado funciona. Isso é básico, mas insuficiente. Há algumas habilidades tão importantes para você alcançar êxito que precisam ter sua atenção concentrada e diária. De tão importantes, deveriam merecer um caderno de anotações ou arquivo eletrônico para você jamais se esquecer de que são parte inerente de seu cotidiano. São elas:

- **Percepção e aproveitamento das oportunidades**

Você precisará estar "antenado *full time*" no mercado, não só para identificar a vulnerabilidade do negócio às questões macroeconômicas, mas especialmente para identificar oportunidades pontuais e que não esperam quem queira assumi-las.

- **Calcular e assumir riscos**

O empreendedor que calcula o risco prevê, antecipadamente, que providências deverá tomar caso as coisas não ocorram como imaginado. Um empreendedor precisa aprender a assumir riscos e estabelecer critérios para saber até onde pode ir.

- **Dedicação integral**

Você deverá ser determinado, comprometido e dedicado ao negócio. Preferivelmente, apaixonado por ele. Assim, enxergará melhor as alternativas, os atalhos, as oportunidades e as possíveis dificuldades e soluções.

- **Visão de futuro**

É importante ter uma boa percepção sobre o seu negócio no futuro e antecipar-se aos fatos. A visão de longo prazo possibilitará que sua empresa se prepare financeiramente e desenvolva os esforços necessários para o crescimento sustentável do negócio.

- **Liderança**

É a habilidade para formar equipes condizentes às necessidades do negócio, para motivá-las a fim de atingir os objetivos e metas estabelecidas. Sem equipe preparada e motivada não se conseguem resultados.

12 Alianças estratégicas

Desde o momento da criação do negócio, você sempre deve examinar a possibilidade de fazer alianças com outras organizações. Até mesmo com a concorrência.

Algumas premissas valorizam esse caminho. "Você não pode tudo" é a primeira, principalmente no início de seu negócio próprio, quando estará muito vulnerável, técnica, operacional e financeiramente.

As alianças possibilitam que o interesse pelo seu crescimento e fortalecimento seja algo real junto aos seus aliados, pois o componente financeiro também permeará essas relações: seus aliados perderão dinheiro se você não ganhar o seu.

Do ponto de vista operacional, raciocine sobre o *core*, o núcleo, do seu negócio, o que você tem de realizar e algo sobre o qual tenha total controle. Para realizar o que não for primordial e puder ser feito por terceiros, por questões técnicas ou financeiras, busque aliados. Seu custo fixo será menor, e a qualidade, maior.

O componente geográfico é outro fator a ser avaliado. Quando o custo para atender em outra localidade for grande comparado aos resultados que obterá, a aliança pode ser uma boa alternativa para você ter a venda e o cliente e ganhar *market share*, ainda que a margem caia.

Na produção, as alianças também podem ser um caminho: a fabricação ficaria para seus aliados, e a venda, por sua conta, com o seu selo.

Para uma aliança dar certo, três condições são básicas:

- deve acontecer com empresas que possuam valores e interesses convergentes;
- o contrato deve ser bem elaborado e contemplar as responsabilidades de cada parte detalhadamente expostas e o padrão de qualidade exigido;
- deve haver um rigoroso controle do que é executado, já que o nome e a marca que irão aparecer na etapa final são os seus.

Considere, com pragmatismo, a possibilidade de realizar alianças para seu negócio prosperar contando com a força inercial de cada aliado.

13

Onde amarrar seu cavalo

Meu pai sempre dizia que o papel aceita tudo. É verdade. Como é maravilhosa a etapa de colocar no papel o que se está pensando em realizar, como será realizado e em quanto tempo. Naquele momento, assume-se a condição de Deus. Nada é impossível. Basta teclar, recalcular ou reescrever os procedimentos, os fluxos, a estrutura, os números, o tempo necessário e os resultados que se pretende alcançar. Não há nada que impeça você de chegar aos objetivos e metas traçadas.

Porém, logo a seguir vêm as dúvidas e certa dose de insegurança, que irão estar ao seu lado por toda a eternidade. "Será que vai dar certo? Precisa dar certo!" "Será que errei? Onde posso ter errado?" Na verdade, como começar é o ponto. Certamente você é um profissional determinado, sabe o que quer da vida e do negócio, como fazer.

Não se trata disso. A questão é aquele frio na barriga que dá antes de o combate iniciar. Aquele *frisson* que todo bom ator tem antes de encenar no palco mais uma apresentação das centenas que já fez. A dúvida sempre irá pautar sua vida empreendedora. Por mais que domine o mercado em que irá atuar como empreendedor, pois já trabalhou nele por muitos anos, agora o ângulo é outro.

Apesar disso tudo, não espere o momento ideal, pois ele não virá nunca. Você constantemente encontrará motivos para melhorar ou modificar que postergarão o início das atividades. "O ótimo é o inimigo do bom", dizia um grande amigo meu. Se tiver de fazer, faça-o agora!

Não se deixe levar pelos fantasmas e dê o primeiro passo. Os outros serão automáticos e menos difíceis.

Os franceses possuem um provérbio que ilustra muito bem esse momento para a maioria dos empreendedores: "Como é ruim ter de fazer. Como foi bom ter feito!".

14

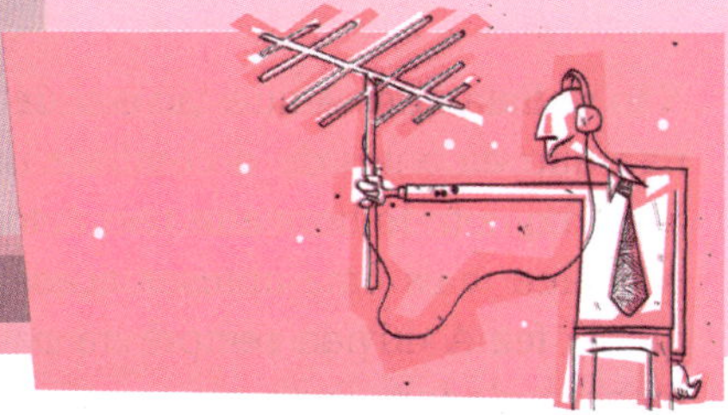

Antenado para sempre!

Você sabe que o mundo está em constante transformação. Sabe que a competitividade é internacional, não havendo mais fronteiras comerciais nem reservas de mercado.

A tecnologia muda rapidamente as maneiras de produzir e de fazer negócios. O mundo está ligeiro demais, deixando a gente sem saber para onde estamos indo e qual será o próximo lance. Tudo está interligado, independentemente de onde é produzido.

Qualquer atividade humana no século XXI extrapola a própria atividade. Explicando: o ser humano emite e recebe impactos pelo que faz. Nada ocorre isoladamente, sem consequências na ação e reação do outro, que, por sua vez, numa espécie de cadeia, é responsável pelos impactos que promove por sua atuação.

Essa consciência planetária precisa estar na mente e no espírito do empreendedor desde o início da concepção de seu negócio. Não se trata, que fique claro, de sublimar questões materiais, transportando-as para perto do mundo celestial, de maneira a nos garantir um terreno quando partirmos para "uma melhor", no universo das estrelas.

O assunto é mais mundano. Estamos comentando sobre a sobrevivência de seu negócio. Quando você cria um novo empreendimento com essa consciência, os seus horizontes aumentam bastante, dando origem a novas perspectivas para o seu negócio, inserindo-o no mundo das empresas de modo condizente com os desafios empresariais que se apresentam neste século: desenvolvimento tecnológico × degradação humana × aquecimento global.

Com essa perspectiva de vida e de ação neste planeta, você estará contribuindo para a perenidade de seu negócio, pois saberá observar e identificar oportunidades que o mundo vier a apresentar (e serão inúmeras, senão todas) para preservar a vida nesta única nave que temos para viver.

15

Esqueça feriados, sábados e domingos

Você já trabalha há muitos anos. Resolveu partir agora para o negócio próprio. Iniciará uma nova forma de realizar-se profissionalmente. De hoje em diante, assumirá responsabilidades sobre si e sobre os que irão trabalhar com você, um novo modo de ver o universo profissional e de relacionar-se com as empresas.

Ser empreendedor. Sensação de mais liberdade, independência e de realização pessoal. Satisfação de criar e realizar projetos. Com o horário mais flexível, sua contribuição para a sociedade poderá ser muito maior. Satisfação somente aos clientes. Sem ter de "beijar a mão" de chefe nenhum. Ao contrário, irá gerar empregos, ajudando pessoas e famílias.

Esse é o lado positivo que a maioria dos empreendedores percebe com facilidade. De outro modo, entretanto, é preciso também ter consciência de que neste mundo tudo tem um preço. É uma questão de fazer escolhas. No caso do negócio próprio, o preço para que a escolha seja correta é a dedicação integral, foco no negócio e antenas ligadas 24 horas por dia.

O trabalho certamente não será menor do que aquele de quando você era funcionário. As incertezas e os riscos serão muito maiores e, quase que instintivamente, levarão você a trabalhar muito mais. Pouco tempo com a família, quase sem domingos e feriados, e a responsabilidade muito maior, especialmente no começo.

O negócio precisa ir bem, porque, do contrário, você quebra e leva junto sua família e outras famílias. Quando você acertar, será ótimo para todos. Quando errar, o peso será só seu. O desgaste físico e mental que esse contínuo esforço acarreta é parte do preço que se paga. É a regra do jogo.

Você deve estar pronto para tudo isso, com certeza.

16

O olho do dono engorda o gado

O provérbio acima, antigo e atual, pode bem traduzir a necessidade que o empreendedor sempre terá de se dedicar integralmente ao negócio. Porém, para o sucesso, será valioso entender a profundidade da inteligência popular quando constrói um provérbio como o do título desta dica.

Não bastará a você estar ao lado de sua equipe, acompanhando e controlando tudo o que se passa e se produz, como se fosse um feitor. Acredito que atitudes como essas serão interpretadas pelos outros como mesquinharia, algo reprovável na relação empregador e empregado, não engordando gado algum.

A essência do provérbio se refere, primeiro, à necessidade de apresentar com *transparência* e *honestidade* o que você quer alcançar e como. Não haverá espaço para meias verdades e desconfianças em qualquer atividade ou empreendimento de que participem outras pessoas. Se a desconfiança, de uma parte ou de outra, vier a acontecer, o melhor, como no casamento, é promover o divórcio. Não há controle possível que garanta 100% dos casos. A confiança promove o controle mais barato, aquele que apresenta as melhores garantias.

Em segundo lugar, pragmaticamente, o provérbio leva o empreendedor a refletir sobre *determinação*. As coisas podem não se desenrolar bem na primeira vez. Talvez nem na segunda. Será necessário você considerar essa questão como parte integrante do dia a dia de seu negócio, mas de modo a promover melhorias e não como um mecanismo de punição.

Com clareza de propósitos, transparência nas relações e determinação para alcançar os objetivos com qualidade, o gado, naturalmente, engordará. Importante ressaltar, entretanto, que você terá de estar sempre atento. Não haverá espaço para dormir em berço esplêndido.

17

Se você é o dono do negócio, o cliente é o quê?

Por causa da globalização, tudo está interligado. Nada acontece isoladamente, e tudo o que realizamos tem relação com o que os outros realizam.

Nos negócios, por consequência lógica, também é assim. Como empreendedor, você estará construindo sua estrada, que desembocará em um entroncamento de outras, também interligadas, dando sentido e continuidade ao que você vier a produzir.

Se o que você construiu for de boa qualidade e bom para os outros, será assim percebido no "entroncamento", ou seja, será real no momento em que ocorrer o consumo do que produziu.

Acho uma enorme bobagem alguém afirmar que ninguém é de ninguém. Você jamais será dono de seu próprio nariz. Ninguém é. O ser humano não é capaz de conviver em liberdade total. Autonomia cem por cento leva a pessoa aos sete pecados capitais: luxúria, soberba, avareza, inveja, gula, ira e preguiça. É só fazer a relação com o seu negócio para identificar o perigo que representa achar, algum dia, que pode tudo e que não deve satisfação a ninguém. Será o início da decadência do negócio.

Regra básica: o dono do negócio será sempre seu cliente. Ele determinará seu sucesso. Muitos apregoam que o *respeito* ao cliente é parte determinante do sucesso empresarial. Acho insuficiente para os desafios que a humanidade terá neste século. Para adequar-se às exigências das boas práticas empresariais, é necessário que você tenha *paixão* pelo seu cliente. Longe de ser modismo, paixão pelo cliente representa estabelecer outro patamar para o negócio. Estabelece um novo paradigma e exige de você um honesto e transparente mecanismo de convivência e de transação com aquele que dará vida perene e sustentação para o que você vier a produzir: seu cliente.

18

Avalie os riscos e arrisque!

Em inúmeros momentos e circunstâncias, você se verá diante de situações não previstas, que se apresentarão como oportunidades ou como problemas. Não há como evitar os imprevistos por melhor que seja o planejamento. O imponderável não tem rédeas nem mordaças.

Todo empreendedor possui, por natureza, coragem para seguir em frente. É necessário tê-la para constituir uma empresa. A coragem, entretanto, não pode ser desmedida, inconsequente. É preciso haver um freio que a paralise nos momentos em que o perigo é maior do que sua capacidade de enfrentá-lo.

Em geral, o empreendedor assume o risco como algo positivo, inerente ao negócio. Sabe que, ao arriscar, pode conseguir resultados mais interessantes. A grande questão que precisa avaliar é a relação entre risco e recompensa.

Risco calculado é o risco em que sua força é maior do que o problema a ser enfrentado. Esse risco não é necessariamente pequeno, mas você deve ser maior do que ele. E você só será maior se tiver rotas alternativas caso o pior aconteça.

O fato é que o empreendedor deve estar sempre preparado para minimizar os riscos, porque jamais conseguirá fugir deles. Não existe risco seguro. Risco e segurança não estão no mesmo lado.

Quando o risco é muito grande e inadiável, o empreendedor procura dividi-lo em partes menores, compartilhando-o com outras pessoas. Contudo, quando dividem os riscos, dividem também as recompensas.

Você, como empreendedor, assumirá, em diversas ocasiões, o papel de um jogador de pôquer. Avaliará a "mão" (o risco) e, se sentir que a mesa (a recompensa) vale a pena e que você tem jogo para apostar, apostará (assumirá o risco). Algumas mãos você irá ganhar. Outras, certamente não. O importante é que as recompensas sejam maiores do que as perdas.

19

Cuidado com a arrogância

No percurso de todo empreendedor sempre existirão armadilhas. Diversas serão colocadas no caminho pelos adversários. Outras, pelos concorrentes. Outras, ainda, pelos falsos amigos. Porém, as mais temíveis são as que o próprio empreendedor coloca em sua estrada.

Elas são temíveis porque não são perceptíveis. São ciladas para o negócio que o empreendedor nem vê, mas que os outros — inclusive os clientes — percebem claramente. A pior dessas arapucas certamente é a arrogância.

A arrogância cega e destrói rapidamente. Conheço histórias de diversos empresários que estavam no auge, saindo em belas reportagens de respeitadas revistas de negócios e que, de repente, sem aviso prévio, despencaram para o ostracismo.

Como, da noite para o dia, grandes organizações desaparecem do cenário empresarial? Em muitos casos, os relatos foram bastante semelhantes: os empresários tropeçaram no salto alto da arrogância.

Atenção ao caminho, é quase sempre o mesmo. O negócio cresce rapidamente. Você acerta a maioria dos lances e passa a ser uma espécie de ícone. É alvo de muita admiração, mas também de muita inveja. Torna-se exemplo, matéria de capa, dá entrevistas e recebe inúmeros convites para apresentar seu caso ímpar de sucesso.

Você se sente o bom. Aliás, você *é* o bom. Só bom, não. Vice-Deus! O salto se eleva, o queixo se levanta e o nariz vai para cima. Você ensurdece e não enxerga mais ninguém.

Em seguida, inicia-se a queda, que será tão grande quanto a altura alcançada. Perde os amigos, perde os clientes e perde o negócio. Você acorda e se identifica como um simples mortal.

Cuidado com a arrogância, especialmente quando você estiver no alto. Policie-se e não se deixe levar por ela.

20

Sete anos de vacas gordas, sete anos de vacas magras

Como empresário, você assumirá o papel da cigarra ou da formiga da fábula de La Fontaine? Não há caminho curto ou fácil em empreendimentos. Como diria Churchill, "sangue, suor e lágrimas", especialmente no início do empreendimento.

Você luta aqui, luta ali, o negócio é bom, arrumadinho, com diferencial, atende bem e na hora certa, abre frentes novas, tudo equacionado e de boa qualidade. Só você sabe onde a porca torce o rabo. Sabe quanto esforço é necessário para ganhar seus percentuais de *market share*.

Você avança! É determinado e tem um excelente produto, desenvolvido com enorme dedicação.

Junta uma graninha aqui, outra lá, toma fôlego, cresce mais. Novos clientes surgem, as passadas se alargam, mais dinheiro no caixa, que já tem contorno de caixa-forte.

O negócio cresce. Mais investimentos, algumas melhorias, tecnologia, equipamentos, novas contratações, mais clientes, material de venda e o custo fixo aumentando.

A sede ficou pequena; nova sede, novos móveis, mais tecnologia, contratações, novos clientes, aprimoramento dos produtos, inovações e investimentos, mais custo fixo e a caixa-forte com muito dinheiro.

A concorrência investe contra, toma parte de seus clientes, abaixa preço, inova nos produtos e no atendimento, aumenta a comunicação, investe em tecnologia e contrata alguns de seus colaboradores.

Você sente o impacto, perde *market share*, seu custo fixo vai parar lá em cima, a margem cai muito e você começa a perder dinheiro.

Terá de fazer grande reestruturação. Rever o negócio de baixo para cima, ver o custo fixo, remontar a equipe e reconceituar o negócio. Tudo levará um bom tempo até estar pronto.

Ufa, ainda bem que você tem caixa para suportar o longo período até a retomada!

21

Mudanças de ambiente: a síndrome do sapo fervido

Conheço essa história pelo Prof. Luiz Carlos Cabrera. É muito pertinente e instrutiva neste momento.

Uma universidade americana resolveu realizar uma estranha experiência. Alguns professores foram até a lagoa do sapo e retiraram certa quantidade de água da lagoa e também o sapo. Levaram a água e o sapo para o laboratório.

Lá, colocaram o recipiente com a água da lagoa em uma bancada. Pegaram o sapo e o colocaram dentro dele. O sapo não percebeu mudança no ambiente e ficou lá na boa.

Retiraram, então, o sapo do recipiente e aqueceram a água. Ela foi esquentando, esquentando, ficando cada vez mais quente e, quando estava fervendo, pegaram o sapo e o jogaram na água fervente da lagoa. Do jeito que o sapo bateu na água fervente pulou. Chamuscado, mas vivo!

Depois, esperaram a água da lagoa esfriar. Quando a água havia esfriado, pegaram o sapo e o colocaram novamente no recipiente com a água. O sapo não percebeu mudança e ficou ali quietinho. Então, aqueceram a água de novo. A água foi esquentando, esquentando, ficando cada vez mais quente até ferver. O sapo não percebeu a mudança no ambiente e morreu tostadinho, e feliz.

Essa experiência, apesar de ser um tanto... batráquia, tem muito a ver com empreendedores e empreendimentos.

Atenção às mudanças de ambiente. Elas são muito mais frequentes do que parece. Quantas empresas e empreendedores experientes, com tino apurado para negócios, não perceberam que o ambiente que dominavam não era mais o mesmo e ferveram até fechar?

Se quiser ter sustentação em seu negócio, será necessário estar sempre sintonizado com essas incontroláveis mudanças. Elas são perigosamente frequentes. Cuidado e atenção para não virar sapo de lagoa!

22

De olho na concorrência, principalmente na nova

A partir do momento em que decidiu abrir o seu próprio negócio e pelo tipo de negócio em que atuará, meu amigo, você já carrega junto seus concorrentes.

Um bom plano de negócios evidencia isso. Ao identificar o segmento em que irá desenvolver o seu futuro negócio, sua primeira obrigação é estudar o grau de rivalidade entre as empresas concorrentes.

Se o segmento apresenta concorrentes poderosos, agressivos ou em grande número, ele deixa de ser atraente. Menos atraente ainda se estiver estável ou em declínio, se for muito difícil deixá-lo caso não dê certo ou se os concorrentes estiverem em grande luta por ganhos de mercado.

Porém, ainda assim você quer atuar nesse segmento. Nesse caso, precisará ter pelo menos duas destas condições:

- um produto extremamente inovador, de altíssimo valor agregado, com características até de produto substituto no segmento;
- alta capacidade financeira, proveniente de um financiador, de um sócio-financiador ou de recursos próprios;
- alta competência tecnológica, inclusive como diferencial para seu negócio;
- dois ou mais grandes compradores, que garantirão alta *performance* de vendas já no início de sua operação;
- a possibilidade de iniciar o seu negócio com capacidade de entrega em grande escala, se necessário.

Saiba identificar seus principais concorrentes. Conheça as características, os objetivos, as estratégias, as forças e fraquezas que eles têm e como é o poder de reação deles: são agressivos, lentos ou rápidos?

Os concorrentes poderão realizar suas estratégias de negócio? Poderão, rapidamente ou em tempo longo, copiar seu produto, tecnologia ou sua estratégia de atuação?

Quanto mais souber a respeito da concorrência, mais seu poder de manobra estará azeitado.

23

Visão global, potencial de mercado com aplicação inovadora

Você nunca estará sozinho em seu segmento de atuação. Não importa se seu negócio será realizado em um nicho ou em um grande segmento. Ou se há muitos ou poucos grandes *players*. Ou, ainda, se o negócio é inovador o suficiente para se caracterizar como um substituto.

O fato é que você precisará conhecer o mercado em que atuará: sua força de compra, o potencial de crescimento e o espaço já existente para você começar.

Em relação à visão global de mercado, você contará com sua experiência anterior, com bastante estudo sobre ele ou com ambos. Especialmente se você acha que tem algo novo para realizar nesse mercado.

Para identificar o potencial do mercado (volume máximo de vendas que pode estar ao seu alcance), você terá de realizar alguns cálculos. Philip Kotler, genial guru-consultor-professor, salienta que, para estimar o potencial do mercado, realiza-se a seguinte equação: defina o número de compradores potenciais, multiplique-os pela quantidade média adquirida por um comprador e multiplique esse resultado pelo preço médio.

Porém, o que vai pesar mais no sucesso do negócio será seu pulo do gato. Você precisará ter uma aplicação inovadora para ele, sem dúvida. Entrar para ser mais um na multidão é anonimato garantido, e anonimato ao entrar é passaporte para sair, também anonimamente.

Diferencial, diferencial, diferencial. Se o mercado não perceber os seus diferenciais, não haverá troca. E não haverá motivo para você ter entrado. Acredite e concentre-se nisso: crie o pulo do gato para seu negócio se destacar, vender e avançar com firmeza.

De outra maneira, é melhor ficar em casa. Irmão que chega por último leva muito cascudo.

24

Tecnologia e perenidade

Ao desenhar seu negócio, avalie a necessidade imperiosa de contar, desde o início, com um vigoroso componente tecnológico por razões óbvias que certamente devem atrair sua atenção: a tecnologia destruiu todos os empreendimentos que não acreditaram e não investiram nela.

A tecnologia modificou a maneira de fazer negócios no mundo. Mesmo os microempreendimentos possuem seu componente tecnológico, ainda que um simples PC, para executar seus controles de entrada e saída, receita e despesa.

Até os padeiros não executam mais seus registros em papel de pão. Não dá para pensar que um profissional possa cogitar realizar seus registros e controles financeiros (para dizer o mínimo) somente em livros-caixa ou de maneira artesanal.

Desde a década de 1980, qualquer empresa que se preze tem investimentos definidos para a tecnologia como fator de sobrevivência e de crescimento.

Se você não tem convivência amigável com a tecnologia, não se exaspere! Normalmente se contrata quem sabe fazer isso. Se não puder ou não for imprescindível contar com um profissional para atuar no dia a dia do negócio, contrate uma empresa prestadora de serviços nessa área.

Jamais se aventure a iniciar seu negócio sem tecnologia, por menor que ele seja. Alguns novos empreendedores, tomando por base a maneira de realizar negócios de algumas micro-organizações de segmentos mais atrasados tecnologicamente, podem se imaginar fazendo suas operações do mesmo modo.

Quem inicia assim o empreendimento está fadado a morrer na praia por duas situações fora de seu controle: inicia atrasado em um segmento em que outros atrasados já estão no mercado há muito mais tempo; inicia seu negócio tecnologicamente atrasado em um setor atrasado e, por isso, fadado a morrer.

A tecnologia é cada vez mais parte integrante da vida das pessoas e dos seus empreendimentos.

25

Assuma um posicionamento novo

Procure ter ideias inovadoras para seu negócio. Exercite isso desde o começo. Quem disse que é fácil? Ninguém! Mas é menos complicado encontrar saídas no começo. Entrar para ser igual garante somente o fazer igual com a desvantagem de chegar depois.

Se quer ser percebido de maneira exclusiva na mente do consumidor, seu negócio precisa oferecer algo exclusivo a ele. Melhor ainda se essa exclusividade for duradoura, um produto, atendimento ou serviço que a concorrência não possa ou demore muito para copiar.

Posicionamento novo significa conquistar uma posição não ocupada por nenhum de seus concorrentes. Se esse posicionamento for percebido como interessante pelo seu consumidor, agregando valor ao produto, conquistará um espaço que terá o nome e a marca exclusiva de sua empresa.

Para obter um posicionamento exclusivo para seu produto ou negócio, você precisa identificar um atributo ou benefício que só seu empreendimento possui. Para isso, é necessário que três condições sejam atendidas:

- que agregue valor segundo a percepção do consumidor;
- que possa ficar na mente do consumidor como algo que não consiga ser feito pela concorrência, ou que só possa ser imitado depois de muito tempo, quando você já tiver consolidado sua posição.
- que possa ser tangibilizado ao chegar ao consumidor, ou seja, que ele possa sentir a diferença e gostar disso.

O importante a considerar é que você precisa dar destaque aos seus diferenciais, de maneira contundente, e que tudo chegue ao consumidor como algo inovador, que agregue valor ao negócio.

Pense diferente a partir da primeira ideia do negócio. Será menos difícil se conhecer, de fato, o mercado em que pretende entrar.

26

Criatividade precisa ser inovadora

É bastante frequente no mundo das empresas mencionarem a importância da criatividade. Quem ouve de orelhada deve imaginar que uma pessoa criativa tem valor inestimável no meio empresarial.

Realmente, um profissional criativo tem valor no mercado de trabalho, mas até a página dois. Hoje, a maneira de fazer negócios valoriza um profissional criativo, mas de forma pragmática.

O profissional criativo terá destaque se souber agregar valor ao negócio com sua criatividade, enxergando formas diferentes e melhores para desenvolver processos, produtos e serviços, ou seja, para viabilizar mais resultados.

A criatividade junto às empresas é válida quando traduzida por inovação. A empresa não paga ao criativo. Ela paga ao criativo que saiba inovar, pois a inovação é financeiramente mensurável, e a criatividade, não.

Para o empreendedor, a criatividade inovadora tem dupla finalidade. A primeira se refere a ele mesmo, pois vai entrar em um segmento empresarial e é justo que o faça com criatividade revestida de consistência inovadora.

A outra questão a ser avaliada é a formação de equipe sinergicamente criativa que atenda aos rumos diferenciados estabelecidos para o negócio, até mesmo visando contribuir decisivamente para a redefinição de seus rumos, estratégias, produtos e abordagens.

A competitividade é universal, e a rivalidade em certos segmentos é muito forte. Diversas vezes, bastante agressiva. Nem sempre será a injeção de recursos que propiciará um ganho de mercado ou que o deixará mais competitivo. Haverá ocasiões em que a solução estará no capital inovador que a empresa tiver.

É preciso ter a mente aberta para a criatividade e entender que ela poderá se manifestar só após muito trabalho, dedicação e determinação na busca da melhor resposta.

27

Como está seu *networking*?

"Navegar é preciso, viver não é preciso", escreveu Fernando Pessoa, baseado no que o general romano Pompeu, que viveu entre 106 e 48 a.C., disse a seus marinheiros amedrontados que se recusavam a navegar durante a guerra. No poema, Pessoa quer dizer que, mais importante do que simplesmente viver, é criar, contribuindo para a evolução da humanidade.

Formas de criar são trabalhar e fazer coisas de que se gosta, conhecer novos lugares e novas pessoas, formando uma rede social que, quando aplicada ao trabalho, recebe o nome de *networking*.

A vida somente tem sentido assim: com novos conhecimentos, novos relacionamentos, novas formas de enxergá-la. O conceito se aplica *in totum* para quem quer empreender o próprio negócio.

O empreendedor estará aprendendo sempre sobre a vida e sobre seu negócio. Também deverá estar disponível para conhecer novas pessoas. *Networking* para seu negócio é o essencial oxigênio.

Se o empreendedor não se mostrar, ninguém irá conhecê-lo, nem a seu empreendimento. Muitos negócios ou contratos são iniciados em eventos, seminários, congressos, almoços, viagens e pela vida afora.

O *networking* é fundamental para qualquer negócio. Um empreendedor bem relacionado consegue abrir portas para seu negócio em início de vida operacional de maneira que jamais conseguiria sem seus contatos.

Uma boa rede de relacionamento estabelece o capital não financeiro mais importante para o começo do negócio, ainda desconhecido em sua competência e marca. Essa rede diminui os espaços, as dificuldades e os entraves, além de aumentar suas possibilidades.

Sem uma rede de relacionamentos efetiva, o empreendedor terá muito mais dificuldades para fazer valer seu conceito de negócio, e suas chances de sucesso diminuirão bastante.

28

Empreendedorismo cooperativo e associativo

Ninguém pode tudo. Para o empreendedor, essa máxima é verdadeira. No instante em que inicia seu negócio, o empreendedor pode muito pouco. Na prática, a teoria é outra. O papel aceita tudo, e o planejamento, apesar de benfeito, terá de se mostrar consistente, já que é agora, no início da operação, que o bicho mostra os dentes.

Você se achará frágil no momento da largada. Saberá o que fazer, mas o ritmo é uma incógnita. Não conhece também as subidas e descidas que o esperam à frente na pista de seu negócio. Você é um ilustre desconhecido, junto de inúmeros outros empreendedores que também correm rumo aos clientes. Todos disputando a atenção e o interesse de *prospects* para seus produtos e serviços.

Em seu planejamento para a constituição da empresa, considere bastante esse momento. Verifique, por exemplo, se em seu segmento existe alguma associação. Normalmente existe. Associe-se!

Um mundo de oportunidades e de soluções deverá se abrir já que você estará junto a iguais. Apesar de concorrentes, uma associação aproxima-os em assuntos de interesse comum, sempre objetos da ação e atuação de instituições como essas.

Outro caminho que você deve avaliar é o cooperativismo. Esse instrumento tem se revelado muito útil mesmo para grandes organizações, já que permite divisão de custos. Dois grandes veículos de comunicação, duros rivais há vários anos, resolveram desenvolver uma ação cooperada para diminuir os custos na distribuição de seus produtos.

Se foi possível para rivais tão fortes, que disputam palmo a palmo o *market share*, deverá ser possível para você também. Avalie com muita atenção o cooperativismo. Você poderá economizar muito em tempo, dinheiro, desgaste físico e emocional.

29

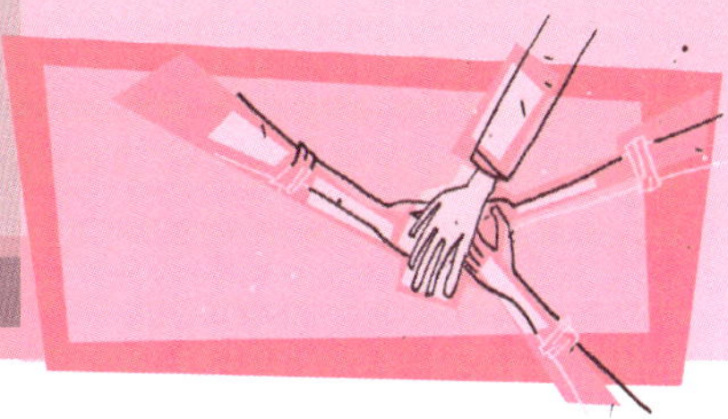

Equipe e sinergia

Você é agora um empreendedor. Abriu sua empresa em um segmento que domina. Conhece tudo dele. Trabalhou muitos anos nisso, tem excelente trânsito no meio, sabe de cada detalhe do negócio e possui inúmeras ideias diferentes que deverão impulsionar muito seus resultados.

Você é agora um empreendedor. Abriu sua empresa em um segmento que estudou muito. Não tem experiência anterior, porém o negócio o fascina. Está fortemente apaixonado por essa atividade, olhou e olha sempre cada detalhe e é incansável. Dedicação plena.

Em uma situação ou em outra, precisará de mais gente pensando e agindo com você. Não há mais espaço para o grande empresário que vence sozinho. O superempresário é figura do passado, quando o mundo ainda possuía fronteiras comerciais.

Não se engane: só conseguirá crescer quem souber trabalhar em conjunto, visando produzir resultados melhores do que conseguiria se trabalhasse sozinho. Ninguém é 100% bom em tudo. É importante dividir opiniões e responsabilidades com pessoas que se complementam.

A sinergia ou coesão deverá ser o fator primordial a ser buscado na formação de sua equipe. Será sempre preferível trabalhar com uma equipe forte e uma ideia fraca a trabalhar com uma ideia forte e uma equipe fraca.

Não dá para fazer sozinho nada grandioso ou que valha a pena. Você deverá procurar se cercar de bons profissionais para conseguir resultados melhores.

Formar uma equipe assim, coesa e interessada, não é fácil. Exigirá paciência para que ela esteja no mesmo nível em que você já se encontra. Exigirá compreensão de sua parte até que a máquina esteja funcionando redondo. Mas, acima de tudo, exigirá que você esteja plenamente convencido de que só com uma equipe assim obterá sucesso em seu negócio.

30 Praticando sua liderança

Você conseguiu formar muito bem sua equipe e deu tempo para ela se consolidar. Os resultados já estão aparecendo, não é difícil antever ou estimar que sua empresa vai crescer muito mais. Alegria, alegria. E preocupação.

Por que a preocupação? Ora, é a partir desse instante que sua liderança terá de ficar muito clara. Você deixa de ser líder de uma equipe e passa a ser líder de uma equipe vencedora. É diferente, e você tem de saber lidar com isso.

Todos se sentem (e são) responsáveis pelo êxito alcançado. Alguns vão supervalorizar a participação, outros vão se sentir esquecidos. Tratar com a alma humana não é fácil! Exige sutileza ou murro na mesa.

Alguns empresários de sucesso dizem que liderança significa, em primeiro lugar, saber administrar vaidades. Em seguida, administrar expectativas decorrentes. Cada colaborador tem seu temperamento, sua maneira de ver a vida e a carreira. E vaidade e expectativa determinam o tamanho da ambição que, por fim, define aonde eles querem chegar.

Claro que você considerou tudo isso ao contratar essas pessoas; porém, só as conhecerá melhor quando as engrenagens de seu negócio estiverem a todo vapor. Nesse momento, você deverá estar atento para coibir qualquer sintoma de desarticulação de equipe:

- disputas internas por poder, com invasões de áreas e sobreposições de responsabilidades;
- vaidades e ambições que movem algumas pessoas, as quais entram numa disputa por holofotes, o que pode ser bom para elas, mas ruim para o negócio;
- conversas de corredor acima do aceitável, limite esse que você, particularmente, deve estabelecer;
- pessoas manipulando pessoas e articulando alianças de ocasião, em favor de seus projetos pessoais e não em função dos projetos da empresa.

Ao contrário do que muita gente pensa, é possível aprender a ser líder. Mas a liderança só se aprende na prática.

31

Revigore sua equipe

O seu negócio está crescendo de vento em popa. Graças a Deus, ao seu trabalho e à sua equipe. Os resultados são brindados cada vez que a meta é ultrapassada. O moral da tropa está alto. A confiança e a coragem são atitudes que a equipe faz questão de exercitar com regularidade.

Quando esse cenário for a situação vigente em sua empresa, está na hora de você proceder a algumas mudanças, que chamo de injeção de novos desafios para revigorar a equipe.

As pessoas são cíclicas na realização de suas atividades e na obtenção de seus resultados. Quando se encontram no cume, só podem descer em seus resultados. A não ser que elas se vejam em situações desconhecidas, seus sentidos entrarão num processo de relaxamento, aquilo que é conhecido como *zona de conforto*.

Veja, por exemplo, como alguns excelentes treinadores de futebol observam esse conceito. Eles sabem que seus jogadores ora estão em boa fase, ora estão jogando mal. O que fazem esses treinadores? Executam todo tipo de tática para estimular o máximo que puderem a boa fase de seus jogadores, a fim de obter as vitórias da equipe. Estão sempre criando novos desafios para que sua equipe saia da zona de conforto e não seja surpreendida pelo adversário.

O objetivo é alcançar bons resultados para a equipe, muito mais importante do que alcançar bons resultados somente para os jogadores.

O mesmo se dará em sua empresa. Quando sentir que o momento é de muita euforia, com os resultados lá em cima e a equipe com a guarda lá embaixo, cuidado redobrado. É nesse momento que as bruxas ficam soltas. Revigore sua equipe, oxigenando-a com treinamentos, novas metas, gente nova, *job rotation*, prêmios escalonados e tudo o que possa representar desafios e não simplesmente recompensas.

32

Mantenha o foco

No início de seu negócio, foco é fundamental. Todo empreendedor deseja produzir rapidamente e alcançar êxito o mais breve possível. Alguns, muito ansiosos por resultados rápidos, nem bem lançam seus produtos e já estão tendo ideias sobre versões ou novos produtos, partindo para seu desenvolvimento e lançando-os precipitadamente.

Por serem curiosos, atentos e ansiosos, vivem "percebendo" novas oportunidades e tentando aproveitá-las de um jeito cheio de atropelos. É evidente que isso representa um enorme perigo para empresas iniciantes, já que há limitações de diversas naturezas.

Não dá para abraçar o mundo. Além disso, qualquer empresa no início terá escassez de recursos humanos, tecnológicos e/ou financeiros.

Uma empresa iniciante não está estruturada e consolidada em suas atividades e resultados.

A cartilha dos empreendedores define que, primeiro, é necessário ter certeza de que a abordagem está sendo direcionada, adequadamente, a um novo nicho de mercado que valha a pena tanto pelo esforço como pelos recursos investidos.

O empreendedor precisa estabelecer, logo no início, uma linha mestra pela qual andarão seus produtos e seu negócio. No começo da empreitada, não há fôlego para a diversificação. O empreendedor deve saber conviver com essa realidade.

Não existem caminhos rápidos ou fáceis. Nunca é demais enfatizar que, quando se planeja a abertura de uma empresa, define-se o que ela irá produzir e como irá fazê-lo. Não se prevê nessa etapa qualquer diversificação de produtos. Há empreendedores que esquecem esse sério "detalhe" e se perdem, podendo, a seguir, perder também o próprio negócio.

Portanto, mantenha o foco!

33

Atenção redobrada às finanças

Um bom planejamento financeiro ajudará você a tomar decisões acertadas e a antecipar problemas futuros. Muitos candidatos a empreendedor deixam de tocar seu projeto por falta de recursos.

Aqueles que saíram da ideia para a implantação e operação do empreendimento dizem que, inicialmente, apenas elaboraram o projeto, identificando sua consistência e possibilidades de resultados efetivos. Só depois estudaram os recursos financeiros necessários e as fontes financiadoras adequadas — recursos próprios, financiador, sócios ou um pouco de cada.

Esse caminho de concretização adotado por boa parcela dos empreendedores vitoriosos leva naturalmente a dois "pontos de verificação" importantíssimos para o êxito do empreendimento:

- você adequará os recursos necessários ao que gosta e sabe fazer × resultados a alcançar. O fluxo de caixa será um bom instrumento para você identificar as melhores alternativas de investimento e financiamento para o negócio;
- você fará análise criteriosa sobre o fôlego financeiro necessário até obter o *breakeven* de seu negócio × custo do dinheiro (o custo do dinheiro será diferente em relação à fonte utilizada). Por exemplo: se você for a fonte dos recursos, o custo do dinheiro empregado será menor. Já se a fonte for um banco, naturalmente o custo será maior, pois devem ser contabilizados também os juros, taxas para liberação dos recursos etc.

É necessário ressaltar que você deverá gerenciar seu caixa com habilidade e atenção. Se não gosta ou não entende de números, deverá buscar esse conhecimento ou um sócio que goste e entenda do assunto.

Outra questão importante: seu negócio necessitará de investimentos iniciais e aportes de recursos até que chegue ao ponto de equilíbrio. E esteja preparado para adiar o prazo previsto para alcançá-lo. Pode (e deve) demorar mais do que o planejado.

34

Cuidado com o fluxo de caixa

Há empreendedores que imaginam ganhar dinheiro logo no primeiro dia de funcionamento da empresa e que em pouco tempo já terão equilibrado a relação receita × despesa. Engano sério. A experiência mostra que, nos primeiros meses, o dinheiro que entra de receita é bem menor do que os gastos.

No início do negócio, você precisa evitar investir muito em ativos fixos e imobilizados, priorizando a liquidez para seu capital de giro e necessidades de curto prazo, que deverão ser maiores do que o previsto. Procure guardar uma reserva extra para eventuais necessidades futuras de investimentos.

Considere, para sua saúde financeira e emocional, o prazo mínimo de um ano para começar a pensar em equilíbrio e algum lucro. Dependendo do tipo de empreendimento que você irá realizar, o prazo será maior, algo em torno de dois anos. Antes disso, você deverá contar com suporte financeiro suficiente para fazer seu negócio funcionar.

O fluxo de caixa deve merecer cuidado redobrado, além de ser estudado e avaliado para você ter condições de honrar os compromissos com os fornecedores, insumos, perdas eventuais e mão de obra. É importante atentar para os clientes inadimplentes e os maus pagadores. Eles existem em qualquer segmento, e o seu capital de giro terá de suportá-los.

Caso não considere todas essas situações e fique sem recursos financeiros para tocar a operação, poderá fazer como muitos em condições semelhantes: buscar nos bancos empréstimos para os buracos de capital de giro, pagando juros proibitivos para a continuidade do empreendimento. De fato, uma situação muito perigosa para o futuro do negócio.

Administre com apurada atenção seu fluxo de caixa, assim você terá poder de barganha com seus fornecedores e poder de escolha com seus compradores.

35

Quem não se comunica se trumbica!

Por mais que você seja conhecido e respeitado, que tenha trabalhado na área e tenha a confiança do meio, e por mais que seu negócio seja diferenciado e interessante, você deverá botar a boca no trombone. E tocar muito bem, de maneira que o público em geral saiba diferenciar e gostar de sua melodia.

Já sabemos que a competitividade e os negócios são internacionais. Não há mais fronteiras comerciais em nenhuma parte deste planeta; você pode inserir seu produto ou serviço em qualquer lugar e para todos os interessados.

Você está chegando agora, possui inúmeros potenciais e competidores diretos já estabelecidos no mercado há mais tempo, portanto, bem mais conhecidos. Seu produto é muito bom, tem diferencial e bom preço, mas seu público ainda não o conhece e você quer que ele saiba disso o mais rápido possível, com grande impacto.

O que fazer? Como fazer? Qual o melhor caminho e a melhor equação diante dos recursos que possui para sua comunicação?

Comece analisando o seguinte: como chegar ao seu cliente? Como seu cliente chegará até você?

Um bom caminho é examinar as formas essenciais de comunicação com o público que lhe interessa e com os recursos disponíveis.

Fica caro e absurdo querer usar canhão para matar passarinho. Não adianta querer investir em propaganda (cara) de televisão ou revista de circulação regional ou nacional se você não pode entregar nos lugares aonde esses veículos chegam e nos volumes que podem proporcionar.

É bem possível que você tenha poucos recursos. Sendo assim, estude o melhor resultado a obter na equação "tipo de veículo × tipo de audiência × custo *per capita*".

Ah! Não se esqueça de avaliar com muita atenção as possibilidades da internet.

36

Planos e força de venda

Na cabeça de boa parte dos empreendedores aparece frequentemente o "trio assombração": produção, venda e entrega. É muito comum o empreendedor de primeira viagem perder o sono com profundas preocupações em torno do melhor caminho para produzir, vender seus produtos e fazer a entrega, tudo dentro do menor prazo possível, pelo menor custo e com a melhor qualidade.

Você não deve ser diferente. Sua empresa já vai funcionar, e essa equação pode estar assombrando seus pensamentos. Uma dica, ou melhor, uma superdica: dos três componentes que assombram, dois deles, produção e entrega, estão sob seu controle. Sobra o componente venda; este, sim, deve merecer seu olhar cuidadoso, já que você não terá controle sobre o resultado, pois dependerá do cliente para ter êxito. Concentre-se, portanto, no componente venda.

E como cuidar desse assunto? Primeiro, defina qual objetivo quer alcançar em seu plano de vendas. Pelo objetivo terá mais clareza sobre como estruturará sua força de vendas. Por exemplo: se o objetivo também é atingir o seu público-alvo no varejo, pois ele se encontra pulverizado, você deverá utilizar mecanismos e instrumentos que permitam pulverizar, pelo menor custo e no menor tempo, o contato com esse público.

Call centers, *e-mail*, *marketing*, apresentações junto a representantes, associações e multiplicadores podem ser soluções para suas vendas. Complementarmente, os vendedores poderão fazer o corpo a corpo com os que se interessaram pelo seu produto durante a ação inicial.

Como você irá estabelecer sua força de venda, dependerá muito de suas análises e dos objetivos que deseja alcançar. Uma coisa é certa: você precisará estudar como vender seu produto, avaliando a relação custo × benefício.

37

Você é otimista, realista ou assustado?

Talvez a maior diferença entre um vencedor e um perdedor esteja na força de vontade de cada um. Enquanto o sonho é transposto para o papel, tudo se apresenta como possível e realizável. "Vou nadar de braçada", você pensa.

A questão está no momento em que você dá o primeiro passo para a instalação. É a hora da verdade, quando o bicho pega.

Você precisará estar muito seguro, convicto mesmo, de que seu empreendimento dará certo, pois muitas vezes ouvirá uma vozinha vinda não se sabe de onde soprando em seus ouvidos "eu não disse que não daria certo?!".

Você entrou em um barco que possui rota definida para chegar e que precisa chegar. Desistir significa não chegar, perder muito. Provavelmente, demais.

Será normal se, no trajeto, você vier a enfrentar a chamada "conjuntura da dúvida", sentimento negativo que de tempos em tempos irá se manifestar das sombras de seu inconsciente: "será que vai dar certo mesmo?".

Outra situação normal é a conjuntura da dúvida ocorrer com seus amigos e familiares. Em geral, isso acontece com bastante frequência, não por estarem contrários ao seu empreendimento, mas por proteção. De um jeito ou de outro, os empreendedores de sucesso não se curvam às críticas e opiniões contrárias, como também não o fazem aos murmúrios dos próprios ouvidos. São determinados, continuam dedicados ao projeto, enfrentando as dificuldades inerentes ao processo de avançar, cuidando dos detalhes e adaptando a caminhada e o caminho sempre que sentirem necessidade ou quando os alertas forem justos.

Você poderá se assustar em alguns momentos, mas não deixe que eles se perpetuem. Caso contrário, não chegará ao porto que tem o seu nome: *êxito*!

38

Saiba enxergar e aproveitar uma oportunidade

Todo empreendimento exige bastante trabalho. Você terá de saber conviver bem com essa realidade. Evidentemente, você tem seu planejamento, o que, sem dúvida, ajuda muito. Contudo, por melhor que seja o plano de negócios que tenha elaborado, inúmeras situações não previstas certamente irão acontecer.

Forças e fatos irão empurrá-lo, todos os dias, para fora de sua rota, acenando com oportunidades incríveis, sublimemente enfeitadas por verdadeiros cantos de sereias. É muito difícil identificar o que é real e o que é imaginário. Portanto, muito cuidado. Tenha sempre o seu plano de negócios ao seu lado para não se ver, de repente, com a cabeça nas nuvens e sem os seus pés no chão.

Diante dessa efetiva dificuldade de identificar e de separar o certo e o errado, o melhor é manter o foco estabelecido para seu negócio. Oriente-se por ele e você ficará em melhores condições para identificar oportunidades interessantes e, obviamente, não previstas no planejamento.

Porém, não há mágica. Muito trabalho não deve tirar a atenção destinada a essas oportunidades; é importante que você nunca se contente com o *status quo*. Quem se contenta com o que tem não enxerga o que ainda pode ter.

Além de enxergar, é preciso também saber aproveitar. Para isso, você deverá estar preparado. Não adianta enxergar, saber que a oportunidade é verdadeira e dentro do foco de seu negócio se não estiver preparado para executá-la. Casos assim são chamados de "oportunidade inventada". Mal comparando, seria como encontrar um interessante lote de matéria-prima para seu produto e não ter nem recursos nem local para estocá-lo. Exagero o exemplo? Saiba que muitos só enxergam o primeiro passo, linearmente.

39

Saia rapidamente da ideia para a ação

O planejamento para o empreendedor é sua bússola, seu computador de bordo, o orientador de rota a seguir. Embora tenha fundamental importância, o planejamento não pode tudo. Ocorrerão situações não previstas no planejamento que exigirão tomadas de decisão. Não se iluda; as ocasiões serão muitas, e você talvez tenha de ser bastante ágil no que fazer.

Nesses momentos, o seu computador de bordo será sua intuição. Quando surgir um fato ou uma situação não prevista que exija decisão e ação imediatas, siga a sua intuição. Sem bússola, siga as estrelas, mas siga em frente.

No início de seu empreendimento, é importante saber ser ágil. Não se perca na inflexibilidade do papel, em ideias preconcebidas, que viciam o ponto de vista e podem impedir que você aja. Você deverá contar com sua intuição para tomar a decisão; porém, precisará de confiança e de coragem para agir. Sem elas, não sairá do lugar; travará.

No mundo dos negócios, tudo acontece rapidamente. Exige dos empreendedores que ajam também rapidamente. De toda maneira, você não poderá ganhar todas, acertar todas. O jogo de xadrez, que dá aos seus aficionados excelente visão estratégica, propaga o seguinte alerta: se realizar uma jogada fraca ou errada, não tente consertá-la. Parta para outro plano de jogo, pois tentar arrumar o que começou errado leva a outras jogadas erradas e pode impossibilitar para sempre que você recupere o equilíbrio do jogo.

Assim se dá na empresa. Se tomar uma decisão equivocada que o leve a fazer algo errado, não continue insistindo em arrumar a casa para não perder nada. Parta, imediatamente, para outra. Não fique marcando passo na mesma toada, ruminando o erro e tentando recuperar o irrecuperável. O seu caminho é longo.

40

Seu negócio estará sempre em uma gangorra

Pode escrever: você terá infindáveis momentos de euforia e outros com a convicção lá no pé. De certezas e de dúvidas. E, quando isso ocorrer, tenha a clareza de que você é normal. Vai rir e chorar como fazem todos os normais.

Em seu caminho empreendedor vão ocorrer fatos, em diversas situações, que irão consumi-lo. Sua vontade imediata nessas ocasiões será jogar tudo para o alto. Só uma atitude irá freá-lo nessa reação intempestiva e ilógica para o negócio: sua determinação de fazer até dar certo.

É importante considerar que após a tempestade poderá vir outra tempestade, como também a tão propalada bonança. Faz parte da caminhada. O importante é não se abater a ponto de perder o passo seguinte. Quem para não chega!

Essa instabilidade, isto é, a instabilidade provocada por você estar ora no alto e logo depois embaixo, é o remédio amargo que o transportará para o mundo real dos empreendimentos vitoriosos. Se você só tiver momentos bons em seu negócio, será traído pela armadilha do falso espelho: estará se admirando e de guarda baixa o tempo todo e não perceberá que outros também estarão olhando para você, descobrindo não só como você é e reage, mas também quais são seus pontos fracos.

Claro que, se você não percebe que está sendo observado, estará totalmente à vontade e desprotegido, o primeiro estágio para tomar um contravapor da concorrência.

Acostume-se com as subidas e descidas na vida do seu negócio. Muitas vezes isso será chato e cansativo, mas será, igualmente, o remédio salvador para seus intermináveis males empresariais. E, naturalmente, sua redenção.

41

Esteja em paz com o sucesso

É muito comum (e salutar) estarmos sempre atentos e preparados para os infortúnios. Muitos chamam essa postura de ter um Plano B.

Em contrapartida, vejo poucos se preparando para o sucesso, para a sorte grande. É como se o sucesso fosse algo inalcançável, portanto, "não preciso perder tempo pensando nisso".

Flávio Gikovate, médico psiquiatra renomado, escritor de sucesso e espetacular conhecedor da alma humana, chama esse sentimento de "medo de lidar com a felicidade". Segundo ele, achamos que a felicidade atrai tragédias e, assim, invariavelmente, procuramos diminuir a felicidade encontrando falhas ou defeitos nela para não corrermos o risco de sofrer com o infortúnio provocado pela "ira dos deuses". Pura bobagem pensar assim. Deixamos de usufruir o sucesso com medo do insucesso vindouro.

Abraham Lincoln, há quase duzentos anos, disse uma frase muito interessante e pertinente ao nosso assunto: "Praticamente qualquer um pode suportar a adversidade, mas se quiser testar o caráter de alguém, dê-lhe poder".

E você? Como lidará com o poder do sucesso? Com o êxito de sua caminhada empreendedora, com os invejosos de sua vitória?

Será fundamental que se prepare para esse inevitável momento. Em tudo na vida, o improviso traz mais problemas do que acertos. O sucesso é como uma sala escura cheia de frágeis objetos. Se você não se preparou para andar nela nessas condições, certamente irá tropeçar e cair. E quanto mais alto estiver, mais alto e insuperável será o tombo. Acorde para seu sucesso e esteja em paz com ele para que seja duradouro e muito saudável para seu negócio!

42

Ansiedade por resultados rápidos

Silvio Santos, capitaneando o linguajar popular, afirma que quem é ansioso come cru e quente. Não existe mágica nos negócios. Aprendi com a vida e com as incontáveis negociações que já promovi que não se conseguem resultados antes de negociar, convencer, esperar pela decisão, entregar e receber. Essa irreparável sequência leva tempo para maturar e colher. Se quisermos pular alguma dessas etapas, corremos sério risco de perder o negócio ou de nos perdermos.

Quando você estiver implementando seu negócio, vendo que a grana só entende o caminho da saída, poderá querer resultados mais rápidos. Cuidado com o ouro de tolo.

Algo que ajuda muito é o planejamento. Bem estruturado, ele levará você a compreender melhor o contexto de seu negócio, as etapas necessárias até que possa alcançar o ponto de equilíbrio, nem antes nem depois, se tudo estiver correndo como previsto.

Se, por questões que fugirem de seu controle, o ponto de equilíbrio não puder ser alcançado no prazo previsto, com o planejamento você anteverá o problema e poderá tomar providências a tempo de evitar dores de cabeça e ansiedade. Sua visão de longo prazo estará mais acurada com um bom planejamento.

Porém, importantíssimo enfatizar: cada negócio tem seu tempo ou ciclo de venda. Nenhum planejamento será bem elaborado se não levar em consideração esse conceito. Normalmente, quanto tempo demora para você concluir e receber pela venda efetuada? Melhor: como irá se arranjar até que tenha em sua conta o resultado financeiro da venda?

Você precisará compreender e considerar fortemente esse ciclo para não ter problemas com seu fluxo de caixa e com sua ansiedade, pois, se ela estiver muito exacerbada, as chances de fazer besteiras aumentarão bastante.

43

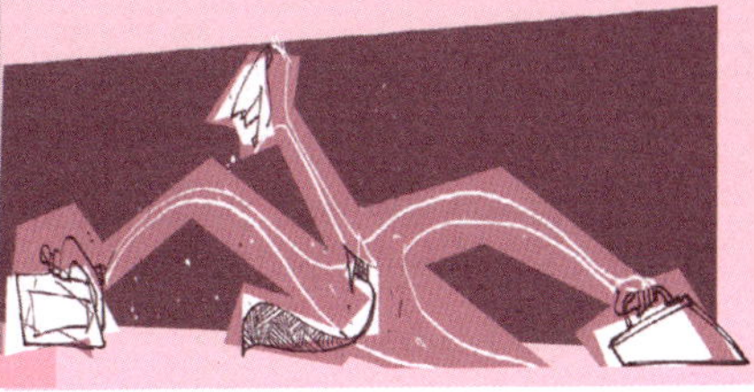

Flexibilidade e mobilidade

Não há dúvida de que um bom plano de negócio ajuda muitíssimo no momento de você tocar o dia a dia do empreendimento.

Entretanto, ao longo da operação, sem dúvida você irá modificar, ou melhor, ajustar seu planejamento em diversas ocasiões. É fatal! Por melhor que seja toda a análise feita antes de iniciar, toda a experiência que possua do segmento e por mais que seu empreendimento esteja bem-estruturado, na hora do vamos ver a coisa acontece diferente do planejado.

O planejamento deve servir como um indicador do norte a seguir, mas não pode ser instrumento que instigue a miopia empresarial. As coisas poderão não ocorrer exatamente como planejado, nem por isso estarão erradas ou mal avaliadas. Você deverá estar disposto e atento para, ao longo do percurso, ajustar ou até mesmo modificar sua maneira de atuar e gerir o negócio. Seu otimismo e suas convicções não poderão ser inabaláveis. Esteja disponível para ouvir os outros, mesmo pessoas que não sejam tão experientes ou que não dominem o negócio como você.

Não se deixe cair em armadilhas que são armadas pela autossuficiência. Muitas vezes, o *insight* não estará com você, mas com alguém que não carrega vícios anteriores e está aberto para olhar tudo e perceber detalhes importantes que sua experiência o impede de ver.

Esteja atento também para as mudanças de rumo. O mundo está em constante metamorfose. Seu empreendimento não poderá ser concebido desconsiderando esse processo. Você deverá atentar todos os dias para a possibilidade de se movimentar e sair dos trilhos inicialmente traçados para seu trajeto. Esteja pronto para a mobilidade.

44

Atenção ao canto da sereia

Certamente, você será assediado ao longo de sua vida empreendedora. O assédio vai se apresentar com diversas faces em vários momentos. Ocorrerá por meio de pessoas com "propostas incríveis", de empresas também com "alianças ou parcerias inéditas" ou de oportunidades que a vida colocará na sua frente.

Muita atenção aos cantos de sereia que insistirão em tocar em seus ouvidos. E cautela em suas reações. Não vá se jogando à água na primeira melodia, por mais irresistível que seja. No início de sua vida empreendedora, é essencial manter o foco, insistindo no nicho de mercado escolhido para o negócio, evitando se dispersar.

Depois dos primeiros ciclos de vida do negócio, já com mais experiência e domínio da atividade, você irá se sentir mais seguro e em condições de diversificar, a fim de crescer e conquistar novos mercados.

Nessa etapa, as sereias cantam mais alto e forte. Muitos empreendedores se sentem em condições de identificar ótimas oportunidades e acabam por atuar em numerosas frentes, comprometendo o desenvolvimento do negócio principal.

É claro que você deverá estar continuamente atento para as oportunidades; contudo, de outro lado, não pense que será o único capaz de identificar situações espetaculares, que ninguém viu. Tenha humildade para desconfiar e frieza para avaliar.

Ao longo da caminhada, esteja pronto para dizer não. Em muitas etapas, isso será penoso de fazer. Pense, entretanto, num jogo de pôquer. Em diversas mãos, teremos um belo jogo, mas sempre teremos de avaliar as possibilidades de os adversários estarem com um jogo ainda melhor. Nessas cartadas, sua análise e sua intuição é que devem prevalecer.

45

Não queime seu filme no mercado

Trabalho honesto e ético é essência de vida para qualquer empreendedor. Sabemos que a energia e o tempo que se investem para construir algo importante são muito maiores do que o necessário para destruí-lo. Basta olhar os exemplos com que nos brinda a humanidade, em sua história, para identificarmos quanto se perdeu rapidamente depois de levar tanto tempo para ser construído.

As guerras nos mostram isso, como também as tragédias, os *tsunami*, as erupções, os atentados, as tempestades, tudo destruindo o que o homem levou gerações para construir.

Nos negócios, nada é mais avassalador do que apresentar alguma falha grave de conduta. Apesar de, na atualidade, os contratos detalhadamente elaborados fazerem parte do cotidiano das relações empresariais, a reputação é o fator decisivo para concretizar ou não qualquer negociação.

Empresário com filme queimado no mercado por reputação duvidosa, cedo ou tarde é expelido do mundo dos negócios. Quebra ou é quebrado.

O grande condutor para fazer isso acontecer chama-se *quebra de confiança*. Qualquer empresário que deixe de ter a confiança dos outros não conseguirá mais vender seus produtos ou serviços.

O mundo está globalizado em diversos fatores. A informação está ao alcance de todos, e uma conduta inadequada ou fraudulenta deixa o negócio mortalmente marcado. A informação entre as empresas e as pessoas corre mais do que fogo morro acima ou água morro abaixo.

A reputação, como o recurso financeiro, é o capital de entrada, de sustentação e de crescimento de qualquer negócio. É absolutamente essencial manter o próprio nome e as práticas empresariais limpos e transparentes.

Quando houver dúvida, esclareça imediatamente. Quando errar, reconheça e corrija. Nunca deixe algo sério para depois.

46

Até onde você quer chegar?

Empreendedor de sucesso é uma pessoa visionária. Possui boa percepção de como será seu negócio no futuro próximo. Mais do que isso, sabe como quer seu negócio alguns anos à frente e como chegar lá.

Direciona seu negócio e todo o esforço para conseguir chegar ao lugar para o qual sua visão de longo prazo está direcionada. Coloca o êxito como uma realização de vida. Planeja com cuidado o trajeto a seguir, mas também sabe improvisar quando necessário.

Será de grande valia para o seu futuro como empreendedor atuar com visão de futuro. Aonde você quer chegar com seu empreendimento? Qual o tamanho que você quer para o negócio dentro de alguns anos? Quantos anos? Como irá proceder para obter sucesso?

Respostas para questões como essas devem estar em sua cabeça e em seu planejamento desde a concepção do negócio. Visão de futuro auxilia muito na obtenção de bons resultados, como também na melhor definição do caminho a seguir, pois impõe visão estratégica do empreendimento.

Ajuda você decisivamente a se antecipar aos fatos, preparar-se para eles e fortalecer o negócio antes de receber o impacto dos grandes problemas. Muitas vezes, irá auxiliar seu negócio a caminhar à frente da concorrência.

Considere que o ponto de partida para a definição estratégica do empreendimento deve ser a visão de futuro. Ao planejar sua empresa, comece por ela.

Os valores de sua empresa serão definidos e assumidos de acordo com o modo como você enxerga o futuro do seu negócio. É automático: seus valores serão o norteador para alcançar os objetivos e metas estabelecidos, como também para estar onde e como foi definido por sua visão de longo prazo.

47

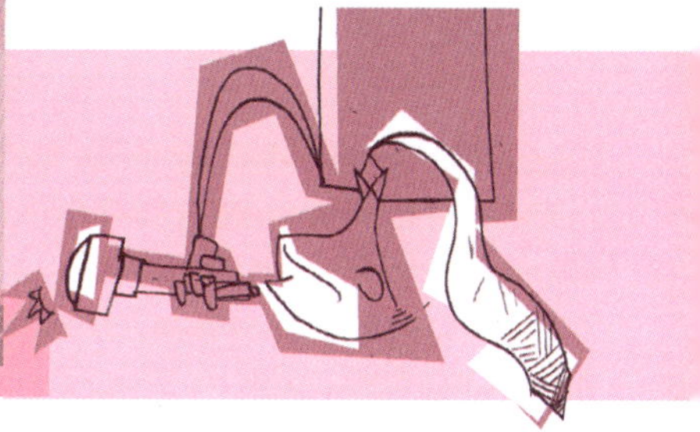

De olho na concorrência

Não tenha dúvida: ao entrar no mercado com seu negócio inovador, praticado de maneira diferente do *status quo*, saiba que irá movimentar fortemente a concorrência. Esteja preparado para o contravapor.

Você terá duas etapas distintas para ficar atento à concorrência. A primeira, no começo de sua empreitada, chamada fase do "pato novo não mergulha fundo", tem como característica o fato de você estar chegando com uma ideia nova (ou inovadora) para o negócio, para a qual será necessário conquistar a crença dos clientes na nova proposta.

Se você não tem certeza de que a nova proposta dará certo, a concorrência também não, mas não pagará para ver. Irá se movimentar, fortalecendo suas relações com os clientes, especialmente com aqueles que julga serem, por suas características, mais inclinados a mudar. Provavelmente, aumentará sua comunicação com o mercado.

Como você está chegando, ainda em dúvida sobre suas possibilidades e com capital limitado, não poderá fazer muito sobre isso, a não ser atacar bastante a partir de um ponto mais seguro: sua rede de relacionamentos.

Outra etapa é aquela em que você conhece bem suas possibilidades, quando você já se estabeleceu, a ideia pegou e é conhecido pelo mercado. Essa etapa é conhecida como "não durma em berço esplêndido". Aí será preciso atenção redobrada para não achar que já ganhou o mercado e que pode baixar a guarda, pois a concorrência está acuada, você está no ataque.

Fique de olho na concorrência porque ela virá forte. Não duvide disso. Será nesta etapa, provavelmente, que a concorrência copiará seus pontos mais fortes e apresentará algumas novidades no seu modo de atuar.

Ninguém entregará o ouro assim, de mão beijada. Coloque-se no lugar deles. Como você, são empreendedores. O que você faria?

48

Faça *benchmarking*

Benchmarking é um instrumento de relacionamento com o mercado e de acompanhamento da concorrência. Utilize essa ferramenta sempre que puder, pois ela permitirá que você identifique os movimentos da concorrência e onde ela está mais acirrada.

Além disso, possibilitará que você compare seu negócio ao do concorrente e compare o valor que o mercado imputará a ele. Se você estabeleceu como ponto estratégico para seu sucesso a implementação de práticas e produtos inovadores, precisará se comparar, periodicamente, à concorrência, identificando o que de fato o mercado está valorizando.

Novos produtos, segundo Theodore Levitt, professor da Harvard Business School e autor de *A imaginação de marketing*, são arriscados. Fracassam mais do que dão certo. Esse dado perturbador ajuda a explicar por que há tantos atrasos na imitação por parte dos concorrentes. Os imitadores ficam na espreita, aguardando a reação do mercado diante da inovação proposta.

Se a inovação decola então, os concorrentes iniciam seus próprios movimentos rumo à imitação, e muitas vezes chegam com novidades. Você deverá estar aberto ao realizar o *benchmarking* também para identificar a aderência, junto ao mercado, do novo que está sendo proposto, bem como para identificar onde o mercado não está disposto a mudar e os movimentos da concorrência em relação a esse fator.

De outro lado, pelo *benchmarking* você terá condições de identificar os padrões de ação e reação dos concorrentes, permitindo que você aprenda com empresas que apresentam um desempenho superior em algumas tarefas. Sempre haverá diferenças marcantes em termos de qualidade, rapidez de entrega e custos entre uma empresa e outra.

Você nunca deve ter excesso de confiança a ponto de subestimar a concorrência. Isso pode se voltar contra você e fazê-lo perder mercado e clientes.

49

O alvo deve ser o segundo

Você está entrando agora no mercado, trazendo ideias novas sobre como conduzir o negócio em seu segmento. Apesar de trazer inovações, diferenciando seu produto dos demais, não se engane: você é um desafiante.

Como tal, precisa em primeiro lugar definir seu objetivo estratégico, que normalmente é o tamanho da participação de mercado que pretende alcançar. A partir daí, você deve decidir sobre como se movimentar no mercado e quem atacar.

Você pode optar por atacar a líder do segmento. Trata-se de uma estratégia de alto risco, pois você é novo no mercado, com ideias novas que podem não ser aceitas pelos clientes em potencial e, além disso, seus recursos são pequenos. Só terá algum sentido fazer isso se a líder não estiver atendendo bem ao mercado e se os resultados potenciais forem compensadores.

Poderá optar, entretanto, por atacar empresas de porte semelhante ao da sua, que não estejam trabalhando bem ou que estejam com problemas de recursos. Mas é preciso que tais empresas estejam atendendo mal, com produtos ultrapassados e não satisfazendo seus clientes.

Outra estratégia poderá ser atacar as pequenas empresas locais. Os resultados talvez sejam atingidos com mais facilidade, mas serão pequenos em termos de *market share*.

Dependendo de sua visão de futuro e, por isso, do ganho de mercado que deseja alcançar, o melhor é ter como alvo o segundo colocado, especialmente se a sua participação de mercado não for próxima da líder.

Nesse caso, a estratégia deverá ser aproveitar a luta frontal que a segunda colocada tem com a líder, e desferir seus ataques pelos flancos ou de maneira indireta. Mas, não se esqueça: você está chegando aonde os outros já estão estabelecidos.

50

Quem não é visto não é lembrado

Imagine-se no meio de uma multidão, como se estivesse em um grande clássico de futebol com estádio cheio ou em um grande *show* com milhares de presentes. Será muito difícil você identificar alguém — ou ser identificado — a não ser que se trate de pessoas conhecidas e por perto.

Assim acontece no mundo dos negócios. A globalização faz seu produto estar no meio de muitos outros de qualquer parte do planeta. Mesmo que seu segmento seja disputado por poucas marcas, o mundo vai se encarregar de multiplicá-las.

Você está chegando agora, com poucos recursos para se tornar conhecido. O que fazer para ser lembrado por seus clientes? Os concorrentes também estão com o mesmo problema e fazem de tudo para aparecer. Mais uma vez, é necessário reiterar: não existem caminhos curtos ou mágicos.

Com pouco dinheiro, o melhor mesmo é circular, estar por perto, ser visto em eventos promovidos pelo segmento, usar sua rede de relacionamentos e, por meio dela, abrir novas frentes.

A internet será ferramenta obrigatória para seu negócio e, desde o início, você terá de desenvolver um *site*, um *blog* e outros mecanismos para aproveitá-la. De acordo com Amália Sina, autora do livro *Marketing global*, a cadeia eletrônica representa acréscimo de valor à comunicação e ao negócio, pois permite contato em tempo real e integra o empreendimento ao mundo globalizado.

Diante de poucos recursos, é absolutamente necessário compreender os instrumentos disponíveis, fazendo o melhor uso deles para estar em muitos lugares ao mesmo tempo. Com essa estratégia, você será lembrado pelo cliente sempre que ele precisar e, assim, passar a imagem de que seu empreendimento possui muitos tentáculos, como se fosse um grande polvo empresarial.

51

Trabalhe seus pontos fortes

Qualquer que seja o tipo de negócio em que você resolveu atuar, conheça profundamente as regras do jogo. Evite atuar com dúvidas e dívidas, esteja pronto para trabalhar como um louco e não se iluda: se der errado, a culpa será só sua.

Para suas chances serem bem maiores, terá de se dedicar mais ao negócio do que a qualquer outra coisa. Assim, você precisa gostar muito do que faz, senão a possibilidade de desistir será maior.

Quando obtiver o sucesso inicial no negócio recém-criado, provavelmente sentirá um misto de satisfação e dever cumprido. Certamente você compreenderá que a luta só começou, porque é exatamente assim a realidade.

Passada a fase da implantação, quando já tiver vencido a etapa em que o mercado desconhecia totalmente o seu negócio, trabalhe com vigor seus pontos fortes e os diferenciais, aquilo que o mercado está valorizando, destacando-se decisivamente junto aos seus clientes e perante o mercado como um todo.

Contudo, seu negócio precisa continuar se desenvolvendo, já que o mercado é mutante e bastante exigente, e talvez em determinado momento você não consiga mais tocar tudo sozinho. Nesse instante, é primordial entender que chegou o momento de delegar e dividir com outras pessoas novos pontos de vista.

Será saudável dispor-se a fazer isso, pois é preciso mudar as engrenagens para se adaptar aos novos tempos e às mudanças nas regras do jogo. Ao chegar a essa etapa, talvez necessite redesenhar seus pontos fortes e reavaliar os fracos para torná-los menos fracos.

Não perca tempo. Sempre será cobrada de você muita agilidade. Não se prenda a preciosismos organizacionais.

52

Só cutuque se estiver preparado

Bar de porto. Chega um polaco "destamanho" e pede um copo duplo de vodca. Engole numa entornada só, vira-se e, dando um murro no balcão, diz que ali não tem macho. Silêncio total. Pede outro copo duplo de vodca. Toma tudo numa golada. O grandão olha, então, para trás e mais uma vez grita "Aqui não tem macho!!", assim mesmo, com duas exclamações. Um brasileiro, lá no fundo do bar, magrinho, cheio de vontade, levanta-se, olha bem o gigante e diz: "Encontrou, meu camarada!", já partindo para cima, na ginga e de mãos abertas. O polaco lança um sopapo que termina no meio da cara do magrinho, jogando-o três metros para trás, bem no meio de uma mesa cheia de garrafas de cerveja. O brasileiro fica lá, esticado, que é para acabar com essa mania de se sentir superior aos outros, mais esperto, cheio de milonga, que sabe dar um jeito em tudo.

Esse "causo" explica algo fundamental para o sucesso nos negócios: não se deixe levar pelo impulso emocional. "Ali dou um jeito e encaro." A vida real não permite impulsos intempestivos que contam somente com a vontade para vencer a pendenga.

Só vá para cima se estiver preparado para disputar no seu campo e também no campo do adversário. Em condições favoráveis e nas adversas.

Quantos ataques emocionais e natimortos são desferidos a concorrentes sem qualquer sentido do ponto de vista empresarial? Como um bumerangue, voltam-se para quem atacou e mostram suas fragilidades e fraquezas estruturais e emocionais.

Quando sentir que pode e deve cutucar seu concorrente, avalie duas coisas: se seu negócio está preparado para o contravapor e para o revés sem que isso comprometa o atual *market share*; e se a investida valerá a pena no caso de você se dar bem, isto é, se o resultado alcançado será compensador.

53

Não existe almoço grátis

Seu empreendimento deverá ser uma de suas maiores paixões. Será preciso uma relação apaixonada com seu negócio, pois a empreitada exigirá de você uma enorme dedicação. Não conheci ninguém que tivesse uma desmedida dedicação por algo de que não gostasse.

Certamente você trabalhará mais do que oito horas por dia e mais do que cinco dias por semana. Deverá ser persistente para tornar sua empresa saudável financeiramente. Depois, terá de fazê-la crescer com consistência. Constantemente, precisará saber enfrentar as rotineiras dificuldades do percurso e não desanimar.

De fato, o dinamismo e o otimismo estarão presentes se você acreditar e gostar do que estiver fazendo. Os desafios serão parte integrante de sua existência empreendedora e nada cairá de graça em seu colo. Tudo será resultado de seu esforço e dedicação.

Acredite, o risco da perda estará fixado em seus olhos em muitos momentos, e você não poderá desanimar diante disso, por pior que possa parecer. Terá de trocar o desânimo pela crença nas possibilidades de vencer e continuar avançando.

A todo instante, precisará estar disposto a identificar perspectivas novas para o negócio, sempre atento a maneiras diferentes de realizar o velho ou de se inovar. Se esmorecer, perderá o espaço conquistado com muito esforço, pois a concorrência estará integralmente disposta a aumentar o próprio espaço.

A concretização dos sonhos sempre custará bastante ao empreendedor. Não conte com a sorte, pois ela poderá deixar você esperando numa estação qualquer de sua estrada empreendedora. Pense que sua sorte deverá ser construída e que o capital para que isso se torne realidade será composto de dedicação e de determinação empreendedoras. No final, valerá a pena.

54

Cuidado com a zona de conforto

Tenha consciência de que você jamais será dono de seu tempo e de seu próprio nariz. É bom que seja assim já que tal circunstância vai se apresentar como uma espécie de fio condutor para o sucesso de seu empreendimento. É preciso trabalhar sério desde o primeiro instante em que pensar no negócio.

Frequentemente, confirma-se no meio empresarial que tocar um negócio exige muita vontade, determinação e dedicação. O tempo todo focado no empreendimento, aos sábados, aos domingos e nos feriados, dez, doze ou mais horas por dia. Tudo isso é real, porém não é toda a verdade.

Tenho um amigo que possui um pequeno sítio chamado "O Descanso do Guerreiro". Diz ele que é seu refúgio para descansar ou refletir após uma grande vitória ou séria derrota. Lá, ele pesca. Gosta de pescar. Isso permite que ele relaxe e reflita com maior clareza sobre onde errou ou acertou e sobre o que fazer. Sai de lá com as baterias recarregadas. Certo dia, ele me disse que a única preocupação que tinha era exagerar com a mordomia do lugar, trocando o sentimento de renovação pelo de preguiça.

É muito perigoso para qualquer empreendedor dormir em cima das glórias do passado. Você não experimentará somente situações desgastantes e difíceis. Haverá muitas ocasiões de grande êxito. Serão momentos para brindar, comemorando as vitórias e os avanços, afinal, ninguém vive só para o trabalho.

Em outras oportunidades, você sentirá que tem o touro na mão, dominando todas as *nuances* de seu negócio, com total conhecimento de cada detalhe.

Em qualquer situação, o perigo é achar que já pode dar uma relaxada mais duradoura, descuidando-se dos concorrentes, que não se curvarão. Também será perigoso olhar o negócio como a última maravilha do mundo, perfeito, sem necessidade de qualquer mudança futura.

55

Pente fino em suas finanças

Três são os pilares que sustentam qualquer empreendimento por um longo prazo:

- a profundidade do conhecimento que se tem dele (gestão);
- a qualidade da equipe de profissionais para empreendê-lo (liderança);
- o volume de grana disponível para investir e reinvestir nele (finanças).

Os três pilares são importantes para a manutenção e crescimento do negócio e merecem toda a sua atenção. Os dois primeiros representam a operação, o motor do empreendimento. O terceiro pilar representa o dinheiro, o combustível que irá movimentar o motor.

Na história de seu negócio próprio, não duvide de que você terá altos e baixos. Para um lado ou outro, seu empreendimento necessitará de dinheiro para avançar, para recuar ou para dar uma parada no ritmo de suas ações.

Quando a luz amarela dos resultados abaixo do esperado acender, exigirá de sua parte providências em relação a cortes de despesas e de investimentos, na forma que tenha menos impacto nas atividades voltadas à geração de receitas. É fundamental estar com as finanças sob controle para fazer as modificações e cortes necessários diante da situação. E cortes também custam.

Da mesma maneira, sua atenção e providências devem estar a pleno vapor quando o seu lado da gangorra estiver lá no alto. Essa situação representa o maior perigo para o empreendedor, pois você poderá estar eufórico com os bons resultados e perder a grande oportunidade de dar um destino melhor aos recursos que entraram no caixa, especialmente se representarem a condição de reinvestimento para fortalecer o negócio.

O importante é ter claro que você deverá, periodicamente, rever suas finanças, quer esteja voando em céu de brigadeiro, com turbulência ou precisando de uma parada forçada.

56

Reveja seu negócio

É impressionante como a feição do empreendimento muda de tempos em tempos. Seja em função do natural crescimento que ele enfrenta, como o posicionamento esperado *versus* o conseguido, seja pelo *benchmarking* junto aos clientes, comparando-se aos concorrentes em suas práticas e inovações empresariais.

À medida que o empreendimento for amadurecendo, será normal você identificar necessidades de novas práticas em gestão, na liderança de sua equipe e na condução financeira de seu caixa. Certamente muitas delas não haviam sido previstas em seu planejamento estratégico de pouco tempo atrás.

Você precisa ter consciência de que a revisão de seu negócio será um ato absolutamente necessário, pois tanto sua concorrência quanto as necessidades de sua clientela estarão mudando continuamente.

Ao ter clara a obrigação de rever seu negócio periodicamente, crie mecanismos de auscultação junto ao ambiente externo. Por exemplo: existem empresários que optam por provocar reuniões ou encontros com clientes importantes, fornecedores ou parceiros para ouvi-los sobre como percebem suas práticas empresariais e o desenvolvimento de seu negócio comparado à concorrência.

Outro mecanismo de contato com os interesses do ambiente externo é ouvir suas equipes de vendas e de atendimento. Nesses encontros, muitas vezes realizados fora da empresa, são discutidas as percepções e as informações que essas equipes possuem dos contatos que realizam com o mundo externo.

Qualquer que seja o mecanismo que adote, é fundamental ter claro que não haverá condições de sustentar vigorosamente seu empreendimento se não for revisto de tempos em tempos. Ele precisa ser percebido lá fora como um negócio sempre jovem, inovador e na vanguarda.

57

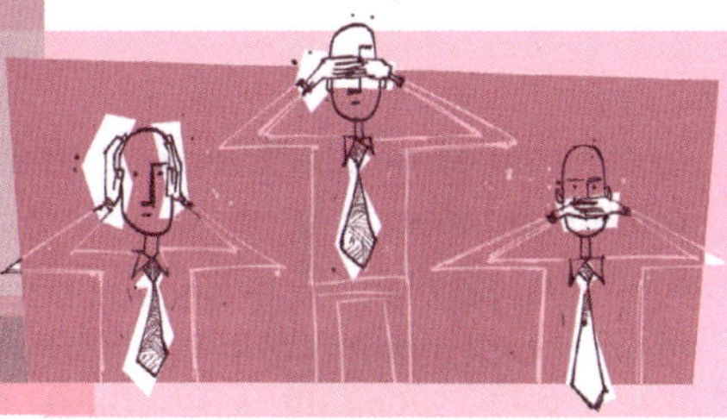

Seja surdo, cego e mudo

Você já se deparou com alguém que chega a uma festa atrasado, fazendo muito barulho e querendo chamar mais atenção do que o próprio dono da festa? Vale tudo, desde voz alta e risadas escandalosas, roupa alienígena, penduricalhos em todas as partes visíveis do corpo e daí por diante. Chama a atenção, mas não agrada.

A analogia vale para o mundo dos negócios. Se você está chegando agora, não queira ser mais realista do que o rei. Traduzindo: se está entrando em um segmento que conhece muito bem, inclusive determinadas práticas empresariais um tanto ortodoxas com as quais não concorda, não tente ganhar a clientela apresentando-se como o mais puro e correto dos justos, pretendendo, com isso, expor seus concorrentes como vampiros empresariais.

Não tente "chegar chegando" por esse caminho. Irá transformar seus concorrentes em inimigos e não terá garantia nenhuma de que conquistará novos clientes. Convenhamos: para quem está começando, é perigoso e nada pragmático construir qualquer ameaça para seu incipiente negócio.

A melhor proposta a quem está iniciando com práticas inovadoras e menos ortodoxas é apresentar-se como tal, ou seja, dizer o que faz e como faz, sem qualquer comparação pejorativa com o restante do mercado. Basta salientar suas qualidades e seus diferenciais, sem fazer "escadinha" em seus concorrentes.

Não ataque os outros *players* de seu segmento de negócios, especialmente os líderes. Você não terá fôlego financeiro para sustentar o contravapor de seus ex-concorrentes, agora inimigos.

Por fim, lembre-se: por mais que conheça o segmento e que sejam interessantes seus diferenciais e práticas empresariais, tudo isso perderá força se você passar a ser visto como um aproveitador que usa meios justificados pelos fins.

58

Não seja surdo, cego e mudo

Na roda-viva do empreendedorismo, tudo gira, e você deve saber participar desse processo incansável e ininterrupto. Se a roda giratória dos negócios estiver na posição vertical (em muitos segmentos de negócios, ela se encontra assim), seu empreendimento em diversos períodos estará em cima e, em outros tantos, embaixo.

Trata-se de um círculo vicioso, já que o ambiente de negócios com essa característica é de altíssima rivalidade, com seus concorrentes ganhando e perdendo o tempo todo por causa de avanços e recuos de *market share*. É cada um por si.

Se a roda giratória do segmento em que você está entrando se encontrar na posição horizontal (em diversos deles, ela estará assim), o seu empreendimento se movimentará o tempo todo, mas subindo e descendo também em razão de suas decisões e implementações.

Entretanto, o alvo das ações realizadas é aumentar seu mercado consumidor. Há muita ação associativa em segmentos com essa característica, sem que isso impeça suas próprias iniciativas estratégicas e mercadológicas. Nesses ambientes de negócios, o maior objetivo de seus *players* é aumentar o diâmetro da roda giratória, resultando em aumento de mercado para todos.

É evidente que não se está colocando em segundo plano a competitividade dentro e fora do segmento, pois, em última análise, a decisão de compra será sempre do consumidor. Todavia, o círculo aqui é virtuoso, pois preserva a competição entre seus componentes dentro de determinados padrões éticos e de qualidade, resultando, igualmente, no fortalecimento de todos.

Você deve identificar como a roda-viva de seu segmento gira, assim saberá qual a melhor forma de estabelecer sua estratégia de atuação.

59

Exercite sua responsabilidade social

Você pode até iniciar seu empreendimento sozinho, mas jamais estará só. Tudo o que fizer terá impacto sobre outros. Sua responsabilidade nunca estará somente na fronteira daquilo que interessa apenas a você e à sua família. A questão em pauta é: até que ponto você está interessado em considerar os outros em tudo o que realizar em seu empreendimento?

Concretamente, muito pouco dos discursos sobre responsabilidade social se realiza. Mas, apesar de pouco, é muito se comparado com o que era feito há alguns anos. E esse conceito de responsabilidade social está crescendo exponencialmente nos últimos tempos.

Há ainda diversos empreendimentos que confundem responsabilidade social com *marketing* institucional, realizando somente projetos e atividades que possam ter afinidade com os resultados que buscam alcançar para o negócio.

Ações de *marketing* institucional buscam alavancar resultados para o negócio, que podem se situar no *market share*, imagem, *share of mind* ou posicionamento. O *marketing* está associado à estratégia do negócio.

Responsabilidade social é outra coisa. Deve estar vinculada aos valores e crenças da empresa, e suas ações precisam resultar em melhorias de condições e de qualidade de vida de seus colaboradores ou da sociedade.

Quando iniciadas, essas ações de responsabilidade social precisam estar em sinergia com o seguinte escopo: "A minha organização deve devolver à sociedade um pouco do que recebe dela. O caminho para realizar isso é desenvolver atividades que possam contribuir para o crescimento das pessoas e para o fortalecimento da sociedade".

Pense que o sucesso de seu negócio dependerá muito do sucesso da sociedade. E você também depende dela.

60

Que mundo você quer deixar para seus netos?

Qualquer empreendimento, pequeno ou grande, deveria ser obrigado a apresentar todo ano dois tipos de documentos aos poderes constituídos e aos representantes da sociedade organizada. No primeiro, constaria qual o impacto que o negócio irá causar ao meio social e quais providências efetivamente serão tomadas para a sociedade ganhar com isso. O segundo deveria abordar qual o impacto que o negócio irá gerar ao meio ambiente e quais providências serão efetivamente tomadas no sentido de minimizar isso.

A riqueza no mundo está aumentando a cada ano. Contudo, muitas sociedades com bilhões de pessoas encontram-se na miséria, vivendo num mundo à parte e sem perspectivas.

O aquecimento global é algo verdadeiro, que vem provocando destruição e morte. Ignorar que já estamos atrasados para reverter esse quadro aterrorizador é agir como um avestruz com a cabeça enfiada na areia.

Tem de haver atitudes sérias e duradouras da parte de cada um de nós. Miséria sem apoio destrói o mundo. Ganância, também. O fato é que nossos estoques estão acabando e não temos outra casa para morar. Cada um pode e deve fazer sua parte para contribuir na recuperação de nossa casa e de nossos vizinhos.

Na estruturação de seu futuro negócio, identifique qual será a sua parte nessa reconstrução. Não deixe só para o outro pensar nisso. Cabe a você a responsabilidade de fazer, preservando o meio ambiente, a vida, o futuro de seu negócio e recriando um futuro para seus filhos e netos.

Sucesso em seu projeto de vida e que Deus conduza seus passos de empreendedor na vida!

Bibliografia

ANDRADE, José Carlos Assis. *Empreendedorismo na prática* – mitos e verdades do empreendedor de sucesso. São Paulo: Campus, 2007.

GIKOVATE, Flávio. *Superdicas para viver bem e ser mais feliz*. São Paulo: Saraiva, 2006.

JUSTUS, Roberto; ANDRADE, Sergio Augusto de. *O empreendedor* – como se tornar um líder de sucesso. São Paulo: Larousse, 2007.

KOTLER, Philip. *Administração de marketing*. São Paulo: Prentice Hall, 2000.

LEAL, Ruy. *Condutores do amanhã* – jovens inteligentes entram no mercado de trabalho. São Paulo: Saraiva, 2007.

LEVITT, Theodore. *A imaginação de marketing*. São Paulo: Atlas, 1990.

POLITO, Reinaldo. *Superdicas para falar bem em conversas e apresentações*. São Paulo: Saraiva, 2005.

RELATÓRIO do "Global Entrepreneurship Monitor", 2002.

SINA, Amália. *Marketing global* – soluções estratégicas para o mercado brasileiro. São Paulo: Saraiva, 2007.

VEIT, Maria Regina (Org.). *Histórias de sucesso* – experiências empreendedoras. São Paulo: Sebrae, 2003. 3 v.

Ruy Leal

Paulo Guimarães

Ruy Leal é formado em Publicidade, Propaganda e Marketing pela Faap-SP, tem cursos de especialização em Direção de Marketing pela FGV/SP, Economia pela Fipe/USP e MBA em Marketing de Serviços pela ESPM.

Foi diretor-secretário da ABRH/DF e é conselheiro da ABRH/SP, reeleito para o seu terceiro mandato de três anos. Tem artigos publicados em jornais e revistas de Recursos Humanos. Há mais de 30 anos, atua no trabalho de capacitação de jovens para o ingresso no mercado de trabalho e na orientação de profissionais de RH e educadores sobre programas de estágios, *coaching* e *mentoring*.

Com obras publicadas em diversos países, também é autor de *Condutores do amanhã – jovens que entram e dão certo no mercado de trabalho* e *Superdicas para o jovem escolher bem sua profissão*, todos pela Editora Saraiva.

Atualmente é superintendente geral do Instituto Via de Acesso, organização da Sociedade Civil de caráter socioeducacional e de assistência social e de Interesse Público.

www.viadeacesso.org.br

Série Superdicas
Versões impressas e digitais

Paulo Gaudencio
SUPERDICAS PARA SE TORNAR UM VERDADEIRO LÍDER
Saraiva

Edna M. Barian Perrotti
Marilena L. de Lauro Montanari
SUPERDICAS
PARA MANTER SEU PORTUGUÊS EM ORDEM
Saraiva

SUPERDICAS PARA ENSINAR A APRENDER
Saraiva

Dulce Magalhães
SUPERDICAS PARA ADMINISTRAR O TEMPO E APROVEITAR MELHOR A VIDA
Saraiva
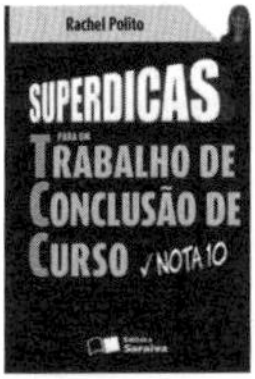
Rachel Polito
SUPERDICAS PARA UM TRABALHO DE CONCLUSÃO DE CURSO ✓NOTA 10
Saraiva

William Roberto Cereja e Ciley Cleto
SUPERDICAS
PARA LER E INTERPRETAR TEXTOS NO ENEM
Saraiva

Rizzatto Nunes
SUPERDICAS PARA COMPRAR BEM E DEFENDER SEUS DIREITOS DE CONSUMIDOR
Saraiva

César Souza
SUPERDICAS PARA CONQUISTAR CLIENTES
E PARA UM ATENDIMENTO 5 ESTRELAS
Saraiva

José Augusto Minarelli
SUPERDICAS DE NETWORKING PARA SUA VIDA PESSOAL E PROFISSIONAL
Saraiva

Lis Cereja
SUPERDICAS PARA ENTENDER DE VINHO

Clovis Tavares
SUPERDICAS PARA INOVAR CRIAR OPORTUNIDADES E VIRAR O JOGO
Saraiva

Ruy Leal
SUPERDICAS PARA O JOVEM ESCOLHER BEM SUA PROFISSÃO
Saraiva
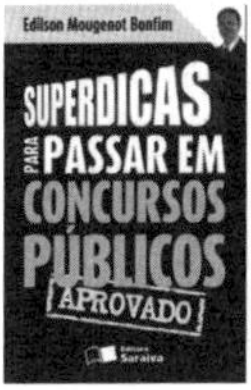
Edilson Mougenot Bonfim
SUPERDICAS PARA PASSAR EM CONCURSOS PÚBLICOS
APROVADO
Saraiva

Claudia Matarazzo
SUPERDICAS DE MODA E BELEZA
Saraiva

Claudia Matarazzo
SUPERDICAS DE ETIQUETA
Saraiva

Dora Lorch
SUPERDICAS
PARA EDUCAR BEM SEU FILHO
Saraiva

Série Superdicas
Versão em Audiolivro

Portátil e útil para uma consulta rápida, o audiolivro pode ser ouvido em casa, no carro, em um *discman* portátil (leitor de mp3), no computador, em aparelhos de DVD que leiam mp3 etc.

Duração:
2h20 min.

Duração:
2h14 min.

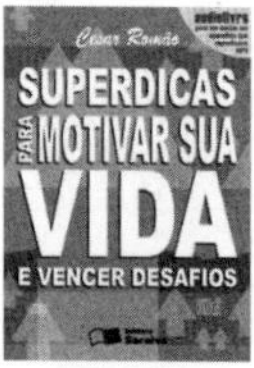

Duração:
2h30 min.

Duração:
2h54min.

Duração:
3h00 min.

Duração:
1h44 min.

Duração:
2h49 min.

Duração:
2h31min.

Duração:
2h05min.

Duração:
2h56min.

Duração:
2h19min.